世界宗教の謎

同時刊行シリーズ
- キリスト教
- 仏 教
- イスラム教

Copyright © 2001 by McRae Books Srl, Florence (Italy)

All rights reserved. No part of this book may be reproduced in any form without the prior written permission of the publisher and copyright owner.

Judaism
was created and produced by McRae Books
Borgo Santa Croce, 8 - Florence (Italy)
info@mcraebooks.com

SERIES EDITOR Anne McRae
TEXT Cath Senker
ILLUSTRATIONS Studio Stalio (Alessandro Cantucci, Fabiano Fabbrucci, Andrea Morandi), Paola Ravaglia, Gian Paolo Faleschini
GRAPHIC DESIGN Marco Nardi
LAYOUT Laura Ottina, Adriano Nardi
REPRO Litocolor, Florence
PICTURE RESEARCH Loredana Agosta
Printed and bound in Hong Kong

Japanese language edition arranged through AM Corporation, Tokyo, Japan
日本語版版権©2003　ゆまに書房

世界宗教の謎

ユダヤ教

カス・センカー[著] 佐藤正英[監訳]

ゆまに書房

もくじ

注意：この本では一般的に使用されている西暦紀元、つまりキリストの誕生した年を0年として表示しています。この0年より以前の出来事については、すべて「紀元前」（紀元前928年など）と記しています。0年以降の出来事については、数字をそのまま記しています。（24年など）

ユダヤ教とは何か？ …………………………………… 8

ユダヤ教の起源 ………………………………………… 10

族長時代から約束の地へ ……………………………… 12

ヘブライ語の聖書 ……………………………………… 14

王国時代 ………………………………………………… 16

バビロニア時代 ………………………………………… 18

預言者、祭司、ラビ …………………………………… 20

ディアスポラ（民族離散） …………………………… 22

シナゴーグ ……………………………………………… 24

ユダヤ教の発展 ………………………………………… 26

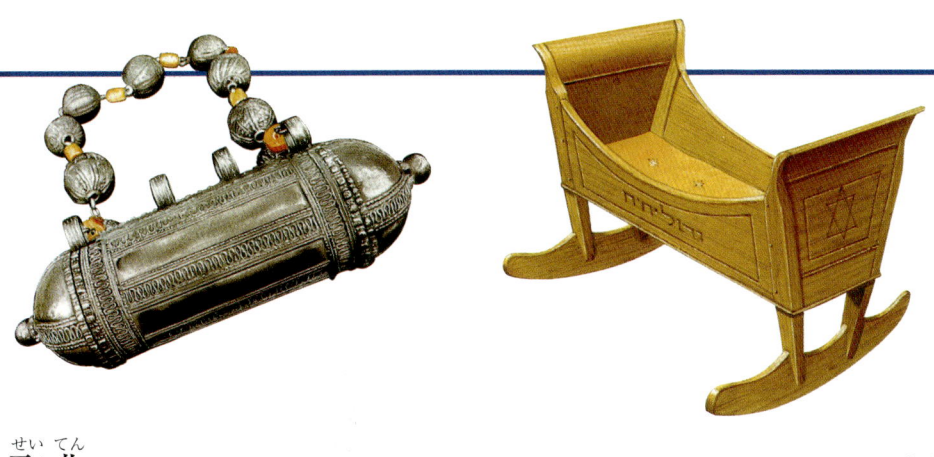

<ruby>聖典<rt>せいてん</rt></ruby>	28
<ruby>迫害<rt>はくがい</rt></ruby>の歴史	30
<ruby>冠婚葬祭<rt>かんこんそうさい</rt></ruby>	32
ポグロムとホロコースト	34
ユダヤ教の<ruby>暦<rt>こよみ</rt></ruby>	36
イスラエル建国	38
生活と<ruby>信仰<rt>しんこう</rt></ruby>	40
現代のユダヤ教	42
用語解説	44
さくいん	45

ユダヤ教とは何か？

ユダヤ教は最古の一神教であり、唯一の神（ヤハウェ）を崇拝する信者を持つ宗教です。しかし、ユダヤ教はたんに宗教というだけではありません。ユダヤ人とは、ユダヤ人である母親から生まれた人のことであり、ユダヤ教では、宗教とともに血のつながりを大切にします。彼らはユダヤ人になるのではなく、ユダヤ人として生まれるのです。ユダヤ教の歴史はユダヤ人の歴史です。ユダヤ人の歴史や文化、宗教、伝統について調べていきましょう。

トーラーを読む正統派ユダヤ人。トーラーとは、ヘブライ語で書かれた聖書の一部である。正統派ユダヤ人は、トーラーはシナイ山でモーセに示された神の言葉であると信じている。トーラーは非常に大切にされており、毎週行われるシナゴーグでの集会では、トーラーの一部が朗読される。

メノラ

メノラは7本に枝分かれした燭台です。ユダヤ教の古いシンボルで、エルサレム神殿に立っていた燭台に由来します。2本のオリーブの小枝に囲まれたメノラはイスラエルの国家紋章になっています。

嘆きの壁で祈る正統派ユダヤ人。エルサレムにある嘆きの壁は、ユダヤ人にとってもっとも神聖な場所である。エルサレムの第二神殿は70年にローマ軍によって壊され、この壁だけが残った。

中世にはダビデの星がユダヤ教の象徴になった。ダビデ（紀元前970年ごろのイスラエル王）に対する神の加護を示している。多くのユダヤ人は、ダビデの星を身につけ、ユダヤ人としての誇りを示す。イスラエルの国旗にもダビデの星がある。

十戒が刻まれた律法の板。すべてのユダヤ人は、どのような時でも十戒を守らなければならない。それぞれの戒は基本理念のようなものであり、さまざまなことに適用される。たとえば「安息日を守れ」という戒では、聖日に対する考え方が示され、ユダヤ教におけるすべての祭日にあてはめられる。

8

シナゴーグ

第一神殿が壊され、ユダヤ人がバビロンで捕囚生活をするようになると、シナゴーグがつくられました。シナゴーグとは、ユダヤ人が集まって学問や祈りをする場所のことです。安息日である土曜日には、敬虔なユダヤ人が集まってきます。重要な聖日や祭日だけ集まる人々もいます。シナゴーグは共同体の中心で、世界中に暮らすユダヤ人がより所とする場所です。

写真はイタリアのフィレンツェにあるシナゴーグの土曜日のようす。

メズザ

多くのユダヤ人家庭では、扉のわきにメズザを取りつけています。羊皮紙の巻物であるメズザには、シェマ（聖句）の最初の二節が手書きで書かれていて、神はただ1つであること、神とユダヤ人の間には特別な関係があることが記されています。メズザは防護用の小箱に入れられていて、外から見えるのはこの箱なのです。

メズザ。上にあるのはメズザを入れる箱。メズザは神聖で、書かれている文字が読める状態でなくてはならない。ユダヤ人は3年ごとにメズザを取り外し、ラビや専門の筆記者が点検し、薄くなった部分を上からなぞる。インキが色あせたり、ひどくひび割れていたりすると、新しいメズザと取りかえる。

ヘブライ語の歴史

古代のパレスチナでは、1000年以上もヘブライ語が口語や文語として使われました。紀元前500年頃にはアラム語が口語になりましたが、ユダヤ人の間では宗教語としてのヘブライ語が使われていました。19世紀になると、ヨーロッパの言語から新たな語彙がつけ加えられ、口語ヘブライ語が再興されました。口語ヘブライ語による文化は、パレスチナのユダヤ人が発達させました。上のポスターは、「あなた自身とあなたの子どもたちのためにヘブライ語を学ぼう！」と呼びかけています。1948年にイスラエルが建国されると、ヘブライ語が主な公用語になりました。

現代ヘブライ語

ヘブライ語は右から左に書き、通常は母音を記しませんが、6世紀に書かれたヘブライ語聖書では、読みやすいように母音の発音符号が記されています。1908年には、エリエゼル・ベン・エフーダが編集した現代ヘブライ語最初の辞書が出版されました。現代のイスラエルでは、新移民が特別な学校でヘブライ語を学んでいます。

ヘブライ語のアルファベット22文字。順番は上から下へ。

א	'
ב	b v
ג	g
ד	d
ה	h
ו	w
ז	z
ח	ḥ
ט	ṭ
י	y
כ	k
ל	l
מ	m
נ	n
ס	s
ע	ʿ
פ	p f
צ	ṣ
ק	q
ר	r
ש	š s
ת	t

ユダヤ教の起源

ユダヤ人は、自分達がカナーンの地に暮らしていた古代セム族の子孫であると信じています。カナーンには現代のイスラエル、ヨルダン、シリアがほぼ含まれます。紀元前3000年紀と2000年紀の中東では複数の場所で文明が栄え、カナーンの地はそれらの場所のはざまに位置していました。ユダヤ教がこのような文明から影響を受けたのは間違いありません。ただし、周囲の人々は多くの神に祈っていましたが、ユダヤ人は唯一の神を信仰していました。

クレタ島で栄えたミノア文明（紀元前2000〜1500年）期に作られたヘビを持つ女神の像。この女神の性格は、後に続くギリシャ文明の女神に大きな影響を与えた。ギリシャ人は多くの神々を崇拝し、神々は不死であると考えていた。神々は、自然や社会を動かしていると考えられていた。

ローマ人は、ラレス、ペナテスという名の家の守護神をまつった。彼らはこれらの神々に供え物をして祈りをささげた。ユダヤ教では、家は祈りの場所である。

古代の神々

古代エジプトの神、アヌビスとトート（右）が死者の心臓の重さを量り、生前に善行をつんだかどうかを調べています。エジプト人は多くの神々を崇拝していました。自然をつかさどる神もあれば、思想にかかわる神もありました。トートは知恵、正義、書写の神でした。エジプトは中東の歴史で重要な役割をはたし、ヘブライ語の聖書にもしばしば登場します。

古代の近東地方では、多くの地域で仔牛が崇拝されていた。聖書には、モーセがこの絵にあるような彫像を壊したことが述べられている。ユダヤ人が信じる神は唯一であるとされていたからだ。

古代カナーンの宗教

ユダヤ人がカナーンの地に入ったとき、この地方には豊穣儀礼にもとづく宗教が行われていました。多くの神や女神が崇拝されており、さまざまな自然現象と関連づけられていました。主神のエルは世界の創造者であるとされ、その息子バール（左）は気象をつかさどり、秋の雨をもたらす神でした。

古代ペルシアではミトラ神が崇拝された。ミトラ信仰におけるもっとも重要な儀式は、雄牛の殺害である。

ゾロアスター教

ゾロアスター教は古代ペルシアの宗教で、紀元前1200年頃にゾロアスターによって始められました。ゾロアスターは、救世主の到来と裁きの日をもとにした宗教を発展させました。彼の考えは、ユダヤ教、キリスト教、イスラム教に受け継がれました。

カスピ海

ペルシア

メソポタミア

上の地図は、ユダヤ人が登場した紀元前2000～1000年頃の中東を描いている。この地方では、メソポタミア、バビロニア、エジプトなどの文明が栄えた。後に、ギリシャとローマが中東での勢力を伸ばした。

マルドゥク神にささげられたジグラート。

メソポタミア

メソポタミアのいくつかの都市はすべて、神や女神にささげられていました。多くの都市では、ジグラートとよばれる壇の上の神殿を築きました。メソポタミアの創世神話によると、マルドゥク神は闘いで倒した敵の体から天と地を創ったと語られています。メソポタミアには死と復活の神話もあり、大洪水をめぐる神話はユダヤ教に登場する洪水の話によく似ています。

右の石碑は、バビロン（紀元前1792～50）のハムラビ王と関係があり、交易、関税、結婚、盗み、借金などについての法律が刻まれている。その多くは、モーセが後に使うことになる規定とよく似ている。

11

族長時代から約束の地へ

ユダヤ人は、アブラハムが最初のユダヤ人だったと信じています。アブラハムは紀元前2000年前半に、メソポタミアの都市ウルを離れ、神の命令に従ってカナーンの地に入りました。アブラハムの孫にあたるヤコブには12人の息子がおり、その一族がイスラエル12部族となりました。彼らは、数世代後、エジプトで奴隷になりましたが、モーセによって解放されました。40年後、イスラエル人は約束の地カナーンにたどり着きました。考古学者によると、カナーンにはさまざまなイスラエル人の集団がまざり合って定住するようになり、その中にはエジプトから来た集団もありました。

大洪水が引くと、ノアは箱舟からカラスとハトを放った。『創世記』によると、人類を滅ぼすために神が洪水を起こしたという。箱船に乗ったのは、ノアとその一族、一種類の動物につき一組のつがいであった。

アブラハムとイサク

神はアブラハムの信仰を試すために、長男のイサクを生けにえとしてささげるようアブラハムに命じました。アブラハムは喜んでこの命令に従いましたが、イサクがささげられる直前、神は、息子の代わりに羊を犠牲にささげるよう告げ、アブラハムは偉大な民族の父になるであろうとくり返しました。アブラハムの子孫はカナーンに定住しましたが、飢饉がおそってきたため、アブラハムの孫ヤコブは一族を連れてエジプトに向かいました。

アブラハムのステンドグラス。『創世記』によると、神はアブラハムにウルを去るように命じ、彼が偉大な民族の父となるであろうと言った。この時アブラハムは75歳になっていたが、子どもはいなかった。

イサクを犠牲にささげようとするアブラハム。15世紀はじめの装飾板より。

イサクの子ヤコブは、天使が天国にかけられたはしごをのぼっていく夢を見た。そして神が、ヤコブが横になっている土地は彼と彼の子孫のものだと告げるのを聞いた。後にヤコブは天使と闘い、自分の名前をヤコブからイスラエル（神と戦う者という意味）に変えた。

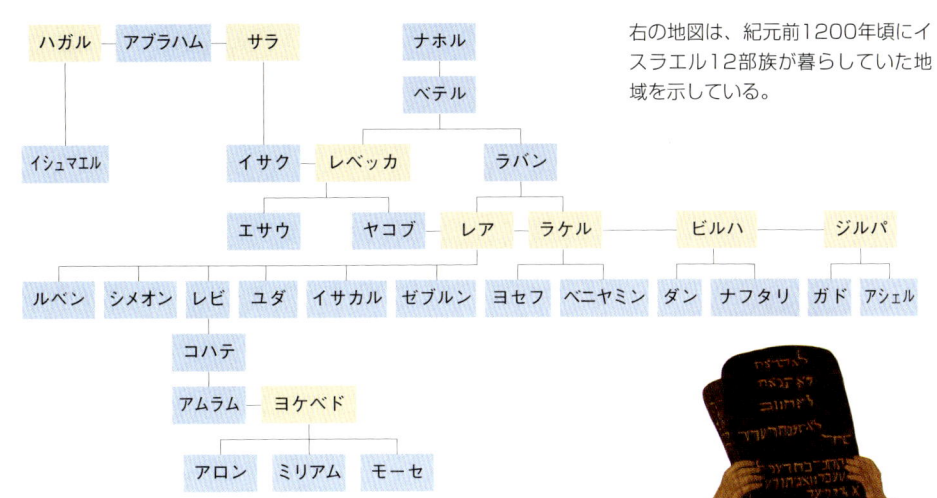

右の地図は、紀元前1200年頃にイスラエル12部族が暮らしていた地域を示している。

上の系図は、最初期のユダヤ民族（アブラハムからモーセ、イスラエル12部族）を示している。

モーセ

モーセはイスラエルの預言者であり指導者でした。ファラオの宮廷でエジプトの王女に育てられましたが、自分がイスラエル人であることを自覚するようになり、奴隷にされていたイスラエル人をエジプトから連れ出しました。

モーセ五書によると、神はシナイ山でモーセに直接語りかけ、教えを授けたといわれている。

『ヨシュア記』によると、イスラエル人は輝かしい戦果をおさめ、エリコなどの都市を占領したが、しだいにカナーンに移り住むようになり、権力をふるうようになった。

出エジプト

エジプトを離れて約束の地をめざしたモーセとイスラエル人は、40年にわたって砂漠を放浪しました。『出エジプト記』によると、およそ200万人の人々が奴隷から解放されたとされます。歴史的な裏づけはありませんが、当初多くの集団がエジプトに行ったようです。また、最終的にカナーンに定住した人々の大多数は彼らの子孫であった可能性もあります。エジプトには行かなかったイスラエル部族もあったことについては、歴史的な証拠があります。

ヘブライ語の聖書

ユダヤ人は、ヘブライ語で書かれた聖書をトーラーと呼びます。トーラーは、せまい意味では、キリスト教の旧約聖書に入っている最初の五書にネビイム（預言書）とケトゥビーム（諸書）を加えたものを意味します。これらは成文トーラー（タナーク）と呼ばれ、ユダヤ人の歴史、倫理、法規定について書かれています。トーラーには、ユダヤ教の教えが書かれたものすべてを含める場合もあります。その中には、聖書についての解説やユダヤ人の日常生活にかかわる手引きなども含まれます。これらの教えは、タルムード（口伝トーラー）と呼ばれています。

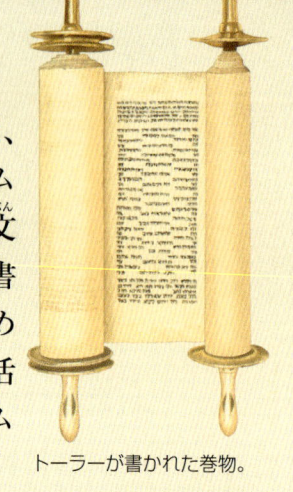

トーラーが書かれた巻物。

クムランからはインクつぼが発見されており、クムランの共同体の書記が、これらの写本を筆記したのではないかとされている。

トーラーの起源

伝統的な解釈は、シナイ山で神がモーセにトーラーを与えたというものです。実際にトーラーを書いた人が誰であるのかはわかりませんが、いくつかの資料をもとにして編集されたようです。物語の中には矛盾しているものや相反するものがあり、同じ物語がくり返されている場合もあります。文体も異なっており、複数の作者がいたのではないかと思われます。1947年、死海のそばのクムランで作業をしていた考古学者が、素焼きのつぼに入った巻物を発見しました。68年、エッセネ派の人々が、ローマ軍に破壊されないよう、巻物を洞くつに隠したのです。巻物には、ヘブライ語による聖書が多数含まれています。

この表は、ヘブライ語で書かれた聖書の区分を示している。最初の五書は歴史について書かれており、世界創造から、イスラエル人がカナーンを領有する直前の、モーセの死までの物語が記されている。ネビイムでは、イスラエル人がどのようにカナーンを領有し、定住を始めたか、またどのようにしてエルサレムがバビロニアに占領され、ユダヤ人がバビロンに連れて行かれた事情が述べられています。ケトゥビームにはさまざまな文書が含まれていて、ペルシア時代（紀元前538～333年）に、ユダヤ人が経験した出来事などが記されている。

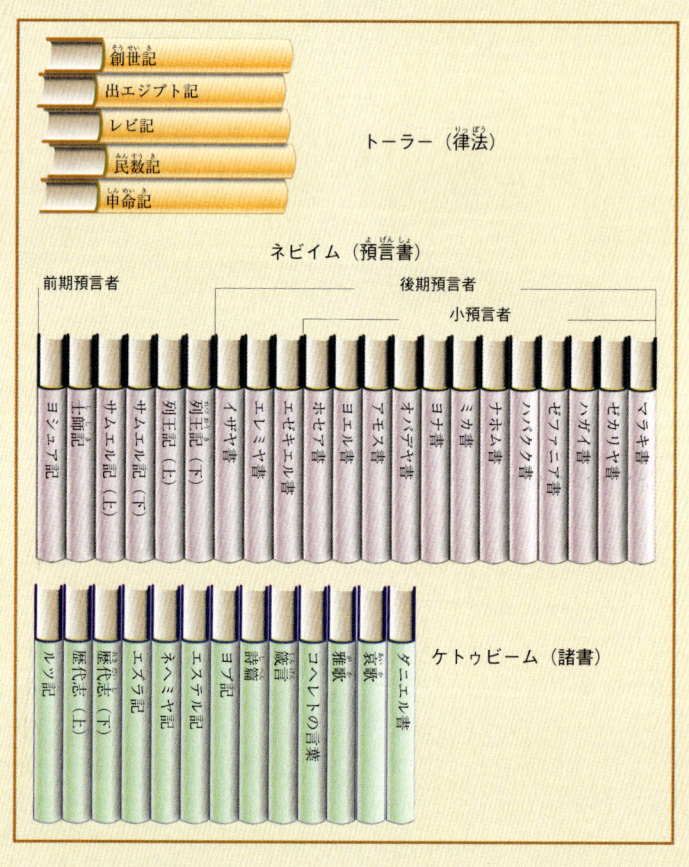

専門の筆記者が、シナゴーグで読まれる前の手書きのトーラーを、まちがいがないか確認している。ユダヤ教には筆記術の長い伝統がある。

聖書

トーラー（律法）
- 創世記
- 出エジプト記
- レビ記
- 民数記
- 申命記

ネビイム（預言書）

前期預言者／後期預言者／小預言者
- ヨシュア記
- 士師記
- サムエル記（上）
- サムエル記（下）
- 列王記（上）
- 列王記（下）
- イザヤ書
- エレミヤ書
- エゼキエル書
- ホセア書
- ヨエル書
- アモス書
- オバデヤ書
- ヨナ書
- ミカ書
- ナホム書
- ハバクク書
- ゼファニヤ書
- ハガイ書
- ゼカリヤ書
- マラキ書

ケトゥビーム（諸書）
- ルツ記
- 歴代志（上）
- 歴代志（下）
- エステル記
- ネヘミヤ記
- エズラ記
- ヨブ記
- 箴言
- 詩篇
- 雅歌
- コヘレトの言葉
- 哀歌
- ダニエル書

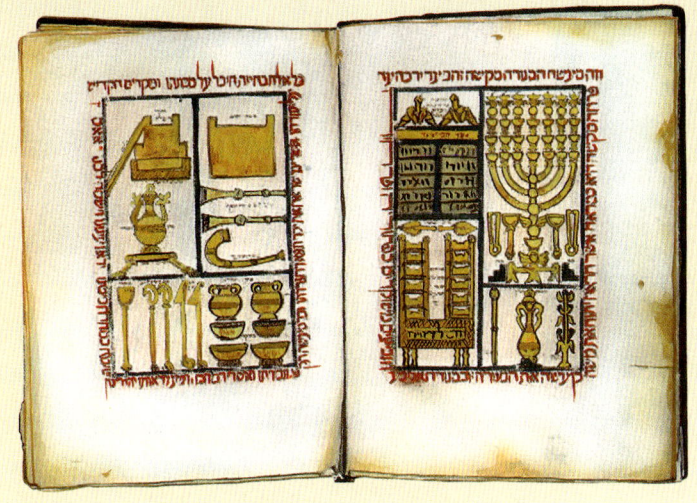

ヘブライ語で書かれた彩色聖書。この聖書はペルピニャン聖書と呼ばれており、13世紀の南フランスでつくられた。神殿で用いられた祭具が詳しく描かれており、それぞれの名称がヘブライ語で記されている。

トーラーは木製の細長い板2枚に巻きつけられ、装飾をほどこされた布でゆわえられる。アシュケナジーム（キリスト教系のヨーロッパ出身のユダヤ人）の伝統では、図のようにししゅうされたおおいを使うことが多い。セファルディム（イスラム教系のスペイン・ポルトガル出身のユダヤ人）は箱のなかにトーラーを収めている。

聖なる巻物
トーラーは神聖であり、手で触れることはできません。持ち運び用の取っ手がついており、ヤッド（図参照）と呼ばれる指示棒が用意されています。トーラーには細かい文字が並んでいるため、読み手はヤッドを使って文字を追い、聖なる書を汚すことがないように細心の注意を払います。

トーラーの保存
セファルディムはこのような木製の箱にトーラーを収めています。トーラーはユダヤ人の信仰の中心であり、トーラーに従うことは神の命令に従うことなのです。ユダヤ人は、神が自分たちのもとにトーラーをつかわしたのだから、自分たちは特別な民族であると信じています。シナゴーグでの礼拝では、トーラーを読むことが中心となります。

イスラエルの王　ダビデ
15世紀に描かれたこの絵は、ユダヤの歴史における英雄ダビデを表しています。ダビデは羊飼いの子として生まれましたが、紀元前1000年頃に王位につきました。タルムードによれば、ケトゥビームの中の『詩篇』の詩の大半はダビデの作とされています。タルムードはダビデ以外にも10名の詩人を挙げています。『詩篇』は、神への讃美を集めたものです。

15

王国時代

王国になる前のイスラエルでは、士師（カリスマ的指導者）による統治がなされていました。外敵の脅威が迫ってくると、士師が指導力を発揮したのです。聖書によると、紀元前11世紀頃には士師による統治が終わり、イスラエル人は1つの民族にまとまりました。初代の王はサウルでしたが、彼は悲劇的な最期を迎え、自らの手で命を絶ちました。その後ダビデが王位についてイスラエルの領土を拡大し、ソロモンはエルサレムに神殿を建てました。

ビザンツ帝国時代の『詩篇』（950年頃）。預言者ナタンとダビデ王の図。ダビデとバテシバの関係はナタン（左）の非難を浴びた。右下にはあやまちを悔いるダビデが描かれている。

ペリシテ人

紀元前11世紀、イスラエル人は、領土を拡大しようとするペリシテ人の脅威にさらされました。このような外部の脅威もあり、サウル（紀元前1029～1007頃）によるイスラエル統一が達成されました。聖書には、ダビデがペリシテ人を破ったいきさつが記されています。『サムエル記』には、ペリシテの巨人ゴリアテを倒した、美ぼうの若き勇者ダビデをめぐるロマンチックな物語がしるされています。

ペリシテの陶器。豊穣の女神を表していると思われる。

ダビデ王

2代目のイスラエルの王ダビデ（紀元前1000～967頃）は、ペリシテ人を追い払ってエルサレムを占領しました。ダビデは、まわりのいくつかの部族を破って領土を拡大していきました。聖書には英雄として登場しますが、実際はすこし違っていました。武将ウリアの妻のバテシバを見そめ、ウリアを前戦へ送って戦死させ、バテシバと結婚したのです。

聖書には、人々が年老いたサムエルに、新しい支配者としての王を選ぶように求めたいきさつが記されている。さし絵は1483年の『ニュルンベルク聖書』より、サウルに油を注ぐサムエル。

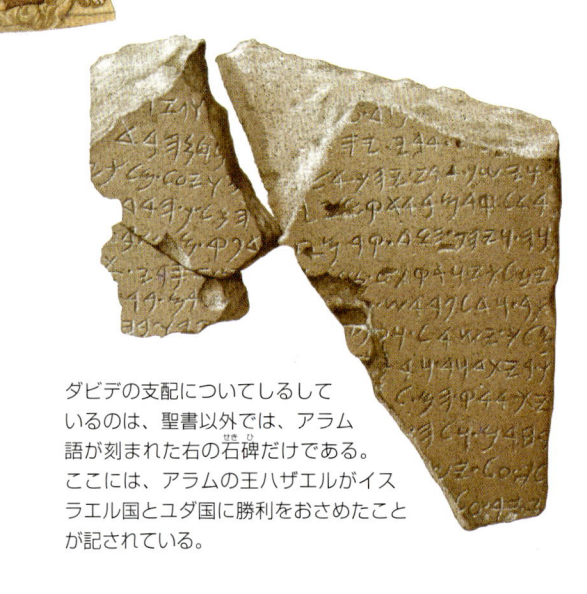

ダビデの支配についてしるしているのは、聖書以外では、アラム語が刻まれた右の石碑だけである。ここには、アラムの王ハザエルがイスラエル国とユダ国に勝利をおさめたことが記されている。

イスラエル帝国

サウルとダビデの治世には、イスラエル帝国の領土はひじょうに拡大しました。サウルはペリシテ人を破り、ダビデはモアブ人、エドム人、アンモン人、シリア人、フェニキア人を打ち負かしました。彼らの領土はすべて、イスラエル帝国に組み入れられました。

ソロモンの統治

ソロモン（紀元前970～928）は一度も近隣の国と戦うことがなかったので、彼の治世は平和の時代として記憶されました。聖書には「ユダとイスラエルはダンからベエルシバに至るまで安らかに……住んだ（『列王記（上）』第4章25節）」としるされています。ソロモンは外敵への備えに力を入れ、戦略上の拠点には戦車隊や騎馬隊を置きました。ソロモン王時代のイスラエル帝国は国際舞台で重きをなし、周辺諸国と外交条約を結んで影響力を拡大していきました。

左：ソロモン王統治時代のイスラエルの領土。

ソロモン王時代のエルサレム復元図。

ソロモンの事業

ソロモンはエルサレムを2倍の規模に拡張しましたが、住民（ほぼ2000人）の数は変化しませんでした。彼は帝国を拡げはしませんでしたが、強制労働によって数多くの土木工事を実施しました。エルサレムでは新しい給水システムが完成し、ソロモンのための巨大な宮殿が築かれました。

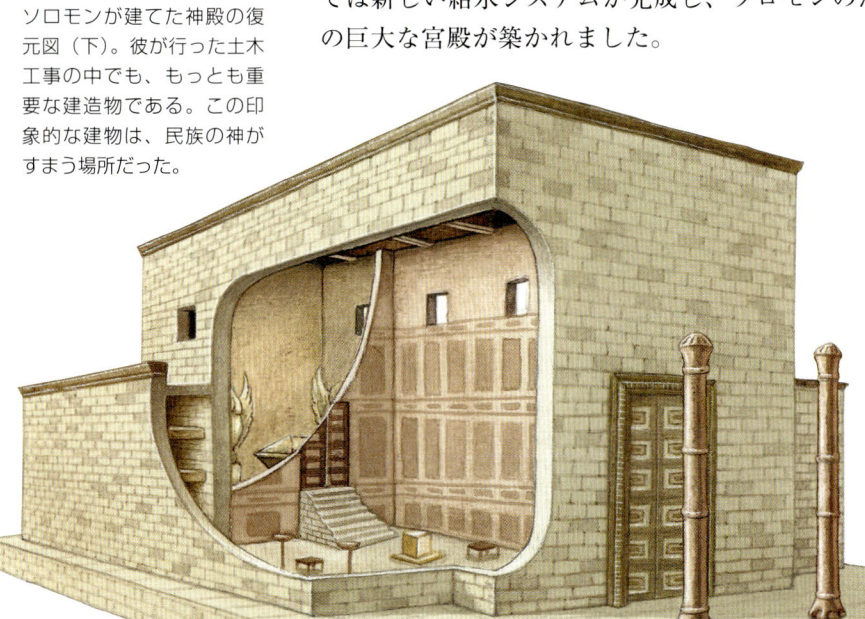

ソロモンが建てた神殿の復元図（下）。彼が行った土木工事の中でも、もっとも重要な建造物である。この印象的な建物は、民族の神がすまう場所だった。

十戒が刻まれた石版を収めた契約の箱の両側には、両翼を広げたケルビム（上図参照）が置かれてこれを守っていた。

バビロニア時代

紀元前928年にソロモンが死去すると、イスラエル王国は、南のユダ王国と北のイスラエル王国に分裂し、敵対するようになりました。イスラエル王国は紀元前722年にアッシリア人によって滅ぼされ、イスラエル10部族は四散して歴史の中に散っていきました。ユダ王国は紀元前586年にバビロニアに占領されました。ユダヤ人は捕われてバビロンに連行され、50年もの間その地にとどめられました。バビロンで、彼らは組織的なユダヤ人共同体を作りました。

世界地図が刻まれたバビロニアの粘土板。紀元前700年頃。中心にある円形がバビロニア。

バビロン市の城門の絵。

バビロン到着

バビロンに連行されたユダヤ人が見たのは、みごとに整備された大都市でした。ユーフラテス川岸にあるバビロンは、重要な交易路でした。ユダヤ人は、エルサレムの滅亡と神殿の破壊を嘆き悲しみましたが、バビロンでの生活は恵まれていたようです。

バビロンの空中庭園

紀元前2世紀にまとめられた「世界の七不思議」には、バビロンの空中庭園も入っています。この庭園は王宮の城壁内につくられており、実際に宙に浮いていたわけではなく、テラス式の屋上庭園でした。この庭園には、ユーフラテス川の水が使われていました。伝説によると、ネブガドネザル（在位紀元前630～562頃）が、故郷の緑をなつかしがったメディア出身の妻アミティスのためにこの庭園を造ったとされています。

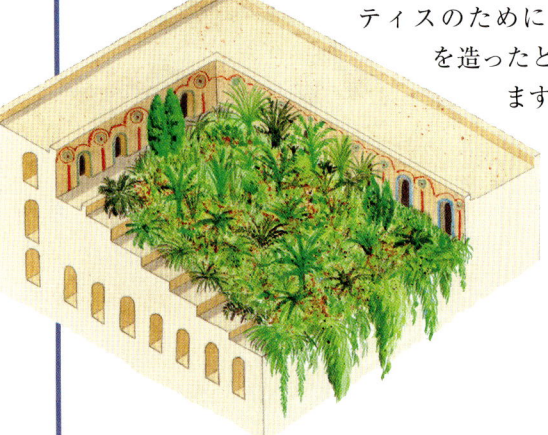

紀元前588年、バビロンに臣従していたユダ王国のゼデキアが反乱を起こした。ネブガドネザルは軍をさしむけ、2年でユダ王国を壊滅させた。

右の印章はヤラベアム2世につかえた高級官吏の印章。紀元前8世紀のイスラエルのヤラベアムの時代、イスラエル帝国は2つに分裂した。

エルサレム包囲の際に占領されたユダヤの都市

ケデシュ
アッカ
メギッド
サマリア
サマリア
ヤッファ
アフェク
エリコ
アシュドッド
アゼカ
エルサレム
ガザ
ラキシュ
ヘブロン
ユダ
アラド
ベールシェバ
エルサレム占領（紀元前587年）
エドム人によるユダ攻撃
エドム

18

『外典』（キリスト教徒の間で真偽をめぐる意見が一致していない聖書）には、ユディット（左）の物語が語られている。ユディットは裕福なイスラエル女性だった。彼女はユダにあるベツリアの町をネブガドネザルの軍隊から救ったとされる。ユディットは敵将ホロフェルネスを捕らえ、その首を切った。

レンブラントによる右の絵画は、紀元前586年のエルサレムの破壊を嘆く預言者エレミヤを描いている。エレミヤは、エルサレム陥落やバビロン捕囚などの予言をしたといわれている。

バベルの塔

『創世記』によると、バベルの塔は天に到達しようという意図で建設されました。神は、工事をする人間の意思が通じ合わないよう、言葉を混乱させ、この計画を妨げました。この物語は、バビロンにあった巨大なジグラートにもとづいているようです。この壇の上の宮殿は、紀元前6世紀にネブガドネザルによってつくられました。ネブガドネザルがエルサレムを破壊すると、聖書に登場するバビロンは、邪悪の権化、滅亡を運命づけられた場所として表現されるようになりましたが、ユダ王国の指導層がバビロンに連行された結果、この町はユダヤ人による知的活動の中心地となったのです。

バベルの塔。ピーター・ブリューゲル作。1563年。

バビロンのジグラートを建設する人々。この宮殿は基壇の上に5層の檀が積み重ねられ、最上層には神殿があった。神はこの神殿に降臨すると考えられていた。

19

預言者、祭司、ラビ

ヘブライ語の聖書に登場する預言者は、特別な方法で神の意思を伝達し、神に代わって言動を行うことのできる人々でした。彼らの基本的な役割は、ユダヤ人と神との間の良好な関係を保つことでした。彼らは未来を予言することもできました。預言者は特定の地域でのみ活動することもあれば、組織化した預言者集団に所属して国中を回ることもありました。宮廷に仕える預言者もおり、神の命令を王に伝えていました。紀元前11～6世紀には、多数の偉大な預言者が現れました。紀元前10世紀には祭司階級が誕生し、第二神殿の時代には、祭司階級は際だった存在となっていました。第二神殿が破壊されると、祭司にかわってラビが律法に関する権威者になりました。しかし、祭司は現在もいくつかの重要な役割をはたしています。

イザヤは紀元前8世紀に活躍した、重要な預言者だった。『イザヤ書』はのちに弟子によって編集されたものだが、支配者による社会的地位の悪用を非難する彼の力強い調子をよく伝えている。

預言者アモス

アモスはユダの出身ですが、滅亡（紀元前721年）前の数日間、イスラエルで預言を行いました。彼は、イスラエルは神の法に従わず、堕落し、貧者に非道な仕打ちをしたために、裁きが下るであろうと告げました。アモスはイスラエルの滅亡を予言したのです。アモス書の最後ではイスラエルの再興が予言されていますが、この部分は別人の手によって書かれた可能性もあります。

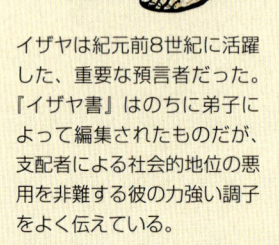

預言者アモスの図

ミカ

ミカはユダの出身ですが、イスラエルの首都であったサマリアに対する預言を行いました。彼が活動したのは、紀元前721年以前であったと考えられます。預言の多くは、『ミカ書』に収められました。多くの預言者と同じように、彼もまた破滅と繁栄についての預言を行いました。ミカはイスラエルとユダを非難しましたが、イスラエルは破壊の後に再興すると述べています。来るべきメシア（救世主）について語った預言者は、ミカが最初でした。

右：ローマのシスティナ礼拝堂にある預言者エゼキエルの絵。

ベルギーのゲント大聖堂にある預言者ミカの絵。1432年ヤン・ファン・エイク作。

エゼキエル

エゼキエルはエルサレムの祭司階級の出身でした。紀元前597年に捕囚としてバビロニアに連れ去られ、預言者として活躍しました。彼は、紀元前586年に起こったエルサレムの破壊を預言しました。

ヨナ

ヨナは小預言者の1人です。『ヨナ書』によると、神はヨナに、ニネベにおもむいて災厄がくることを伝えよと命じました。ニネベの人々が堕落した生活を送っていたからです。ヨナはニネベに悔い改める機会を与えることを望まず、神の命令に従いませんでした。ニネベと反対の方角を旅していた時、嵐が起こりました。ヨナは、この嵐は自分の犯した罪のせいだと打ち明け、船から嵐の海に飛び降りました。「大魚」に飲み込まれ、ヨナは助けを求めて神に祈り、ニネベにたどり着きました。神の言葉を伝えると、ニネベの市民は悔い改め、町は救われました。

下：クジラに飲み込まれているヨナの図。

祭司を描いたティツィアーノの絵画。

獰猛な2頭のライオンにはさまれたダニエルの浮き彫り像。

ダニエル書

ヘブライ語の聖書では、『ダニエル書』は、本当の預言が含まれていないため、ネビイム（預言書）には入っていません。『ダニエル書』はバビロン捕囚（紀元前6世紀）の時期にまとめられたのですが、実際に書かれたのは紀元前2世紀だったようです。ダニエルは、ネブガドネザルがつくった金の像を拝むことを拒否したため、ライオンの穴に投げ込まれましたが、神によって救われました。

ユダヤ教の祭司

聖書の時代には、レビ部族に属するアロンの男系子孫が世襲で祭司をつとめていました。コーヘン（祭司）は、神殿に関する宗教的な義務を持ち、またある種の特権も持っていました。第二神殿が破壊されると祭司階級の重要性は薄れ、コーヘンにかわってラビが導師となりました。今日では、祭司階級に属する人々は、コーヘンやカーンという名字を名乗っており、祭礼時に祝福を行うなどの役割をはたしています。

下：位の高い祭司は、左の金の鈴がついた青い上着のように、特別な衣服を着用した。彼らは、イスラエル12部族の名まえが刻まれた12個の宝石が施された胸当てもつけていた。

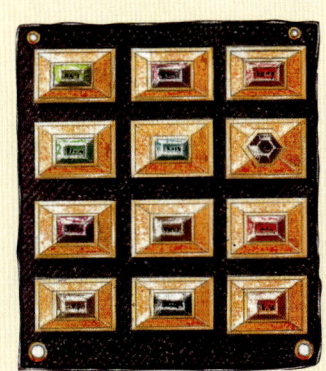

ラビ

ラビは、トーラーを学び、これを日常生活に適用するよう指導する人です。また、シナゴーグでの礼拝もつかさどり、結婚式や葬儀をとり行います。共同体での仕事もこなしており、病人や遺族を訪問したり、心の悩みにアドバイスを与えたりもします。

ヤッドを用いてトーラーを読んでいるラビ。

ディアスポラ（民族離散）

紀元前539年、ペルシアの王キュロスが強大なバビロニア帝国を滅ぼしました。紀元前538年、キュロスはユダヤ人がユダの地に帰ることを認めましたが、多くのユダヤ人はバビロンにとどまることを選びました。帰還者が見たものは廃墟となったエルサレムであり、彼らは町を再建しました。紀元前322年には、アレキサンダー大王がペルシア帝国を征服しました。大王とその後継者はギリシャ文化を奨励し、ユダヤ人共同体から激しい抵抗を受けました。紀元前63年以後はローマ軍がユダヤ人を抑えこみ、135年以後には大多数のユダヤ人を追放しました。

ペルシア帝国の首都スーサに残る王宮護衛兵の像。ダリウス1世の時代（紀元前522～486年）。ペルシア人は開明的な統治を行い、故郷を追われてきた者たちには帰還を許し、信教の自由を認めた。

キュロス王の円筒印章

キュロスの円筒印章（右）には、キュロスがどのようにバビロンを征服し、神々を本来の都市に戻したかがしるされています。キュロスは、故郷を追われていた多くの人々が帰還することを許しました。ユダヤ人もエルサレムに戻ることを許されました。キュロスの布告の一部には「天にいます神は、地上にあるすべての王国を私にたまわった。神は私に、エルサレムに神殿を建てることを命じられた……神の民に属する者は……エルサレムに上って行くように」としるされています。

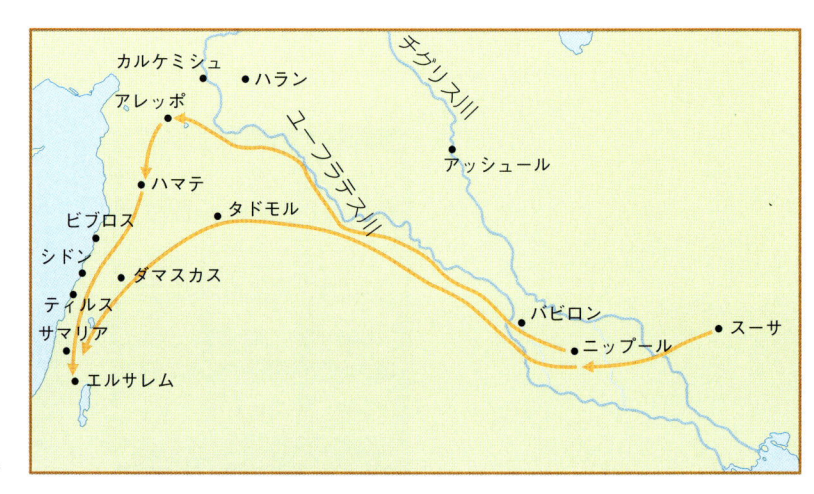

エルサレムに帰還するユダヤ人を描いた絵。

エルサレムへの帰還

ユダヤ人は徐々にエルサレムに帰っていきました。紀元前538年にキュロスの布告が出されると最初の帰還が行われ、ゼルバベルが指導者となりました。これが、帰還者集団の中では一番大きく、その人数はおよそ50,000人でした。帰ることを選んだ人々の多くは、貧しい階層の人々でした。紀元前400年代には、エズラとネヘミヤに率いられ、別の集団が帰っていきました。

右の地図は、帰還者がエルサレムへ戻ったルートを示している。

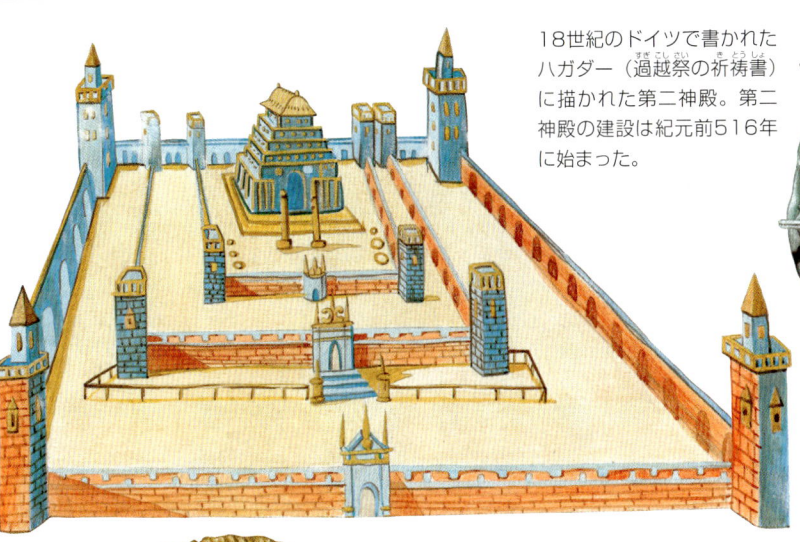

18世紀のドイツで書かれたハガダー（過越祭の祈祷書）に描かれた第二神殿。第二神殿の建設は紀元前516年に始まった。

ネヘミヤ（左）は紀元前445年にエルサレムに戻って総督となった。彼はエルサレムの経済を立て直して城壁の修復に着手し、エルサレム発展の基礎を築いた。

アンティオコス

紀元前332年以後になると、ギリシャ帝国とユダ国のユダヤ人の間で緊張が高まり、セレウコス朝シリアのアンティオコス4世（紀元前175～163）は、ユダヤ人にギリシャ文化を押しつけようとしました。このためユダス・マカベウスの反乱が起こりました。彼は紀元前164年にアンティオコスからエルサレムを奪い返し、ユダの地にユダヤ人の国を再建しました。

左：シリアの王アンティオコスのマスク。

紀元前63年、ローマの将軍ポンペイウス（上）は、ユダヤも含むシリアとパレスチナを支配した。

ローマの支配

ローマがパレスチナを支配すると、多くのユダヤ人がバビロンに移りました。ローマ、エジプト、ペルシア、スペイン、中東地方、北アフリカにのがれた者もいました。バビロンやローマ帝国に移った人々は、比較的恵まれた条件のもとで暮らしました。

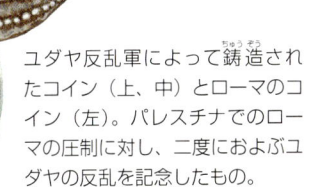

下：ティトゥスの凱旋門（81年建造）にあるレリーフ。第二神殿から持ち去ったメノラを掲げて行進するローマ兵の像を表している。

ユダヤ反乱軍によって鋳造されたコイン（上、中）とローマのコイン（左）。パレスチナでのローマの圧制に対し、二度におよぶユダヤの反乱を記念したもの。

ユダヤ戦争

第1次ユダヤ戦争（66～73）では、エルサレムが陥落（70年）し、神殿が破壊されました。第2次ユダヤ戦争（132～135）が終わると、多くのユダヤ人が故国を離れてディアスポラ（民族離散）の生活を送るようになりました。

右の地図は、勢力拡大が最高潮に達した2世紀頃のローマ帝国を示している。

23

シナゴーグ

ユダヤ人共同体には、かならずシナゴーグがあります。起源はよくわかりませんが、70年に第二神殿が破壊された後、祈りの場所となったようです。現在のシナゴーグでは、敬虔な信者が礼拝する場所になっており、彼らは、1日3回の公式礼拝に参加します。シナゴーグはユダヤ教について学ぶ場所でもあり、多くの場合は学習用の部屋があります。ほとんどのシナゴーグにはホールがあり、祭儀や共同体の行事に使われています。

シナゴーグでは、聖櫃（右）と呼ばれる小戸棚にトーラーの巻物が収められている。聖櫃はエルサレムの方角に面した壁の後ろに置かれ、壁のカーテンが聖櫃をおおい隠している。聖櫃が開けられると、人々は起立してトーラーへの敬意を表す。

ネール・タミード

シナゴーグの聖櫃の上方に消えることのない火がともされています。この火はネール・タミードと呼ばれ、メノラ（エルサレム神殿にあった灯油ランプ）を象徴しています。神殿にあったメノラには7つのろうそくの芯があり、そのうちのどれかがいつも燃えていました。多くの場合、ネール・タミードの近くには、十戒を刻んだ石版が掲げられています。

シナゴーグは、多くが長方形をしています。三方の壁には座席がしつらえられ、残る一方の壁はエルサレムの方角を向いています。正統派のシナゴーグでは、男女の座席は別々で、中央にはビーマーとよばれる祈りの台があり、正面の聖櫃と向かい合っています。

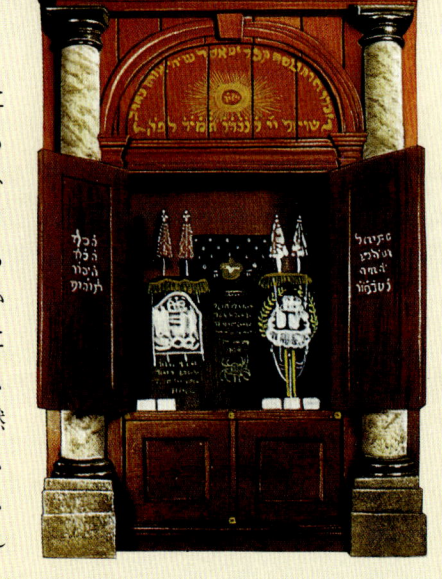

この14世紀の彩色写本は、スペイン北部にあったシナゴーグを示している。中央にはビーマーがある。ここでトーラーや祈りの言葉が読み上げられる。トーラーの前には、机が置かれることが多い。この時代のスペインではユダヤ人とムスリムが平和に暮らし、ユダヤ文化が栄えた。

24

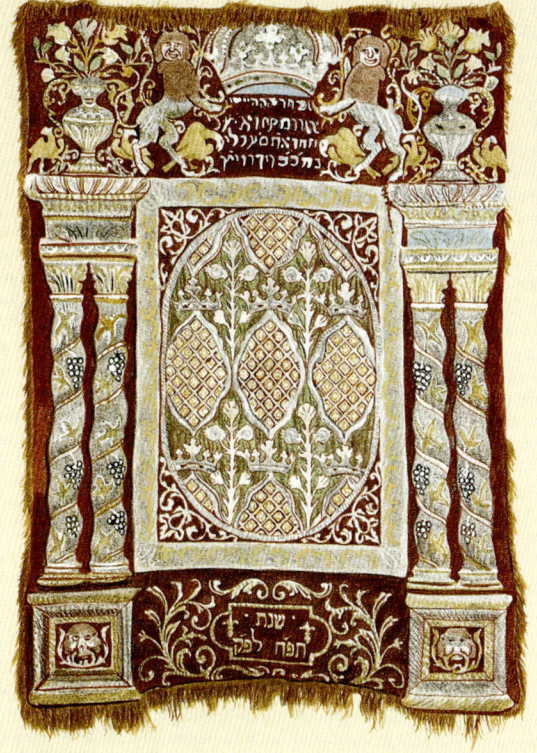

左：1725年にドイツで作られたこのカーテンには、金糸でビロードにししゅうがほどこされ、布製の飾りがぬいつけられている。このカーテンは聖櫃の外側にかけられる。セファルディムの伝統では、聖櫃のなかにカーテンをかける。

聖櫃の最上部には十戒を刻んだ律法の板が掲げられ、その上には王冠が置かれる。ふつうは、それぞれの戒の最初の節のみが律法の板に刻まれる。

シナゴーグの建物

4世紀末にローマ帝国がパレスチナを支配するようになると、新しくシナゴーグを建てることが禁止されました。しかし不思議なことに、4世紀から7世紀は、シナゴーグ建築の全盛期でした。

右：イスラエルにあるベトシャンのシナゴーグにあるモザイク（6世紀）。

適応するユダヤ人

ユダヤ人は、移住先の文化を受け入れることで、その地に適応しようと努力しました。16世紀から18世紀にかけて、ユダヤ人は、西ヨーロッパ社会に少しずつ受け入れるようになりました。

ストラスブールにあるこのシナゴーグ（1898年）は、教会のような外観をしている。中世のロマネスク様式とゴシック様式の影響を受けていることがわかる。

上：エイン・ゲディにあるシナゴーグの床を飾るモザイク（6世紀）。この時代に建てられたシナゴーグの中には壮大で堂々としているものもあり、遠くからでも見える。このシナゴーグの入り口はエルサレムの方角を向いていたが、トーラーを収める聖櫃の場所は決まっていなかった。

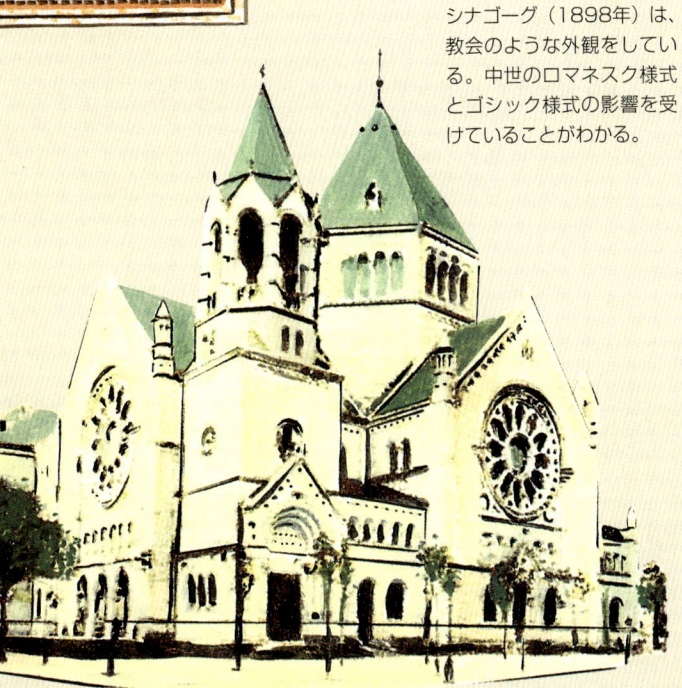

25

ユダヤ教の発展

135年にローマ軍に敗北した後、ユダヤ人は世界中に散らばっていきました。ユダヤ人は、移住先の土地で受けた迫害の程度によって、さらに新しい土地へと移っていきました。13世紀から15世紀にかけて、西ヨーロッパの国々がユダヤ人を追放するようになると、ユダヤ人の2大集団が生まれました。セファルディム（「スペインの」という意味）はスペインを追い出され、オスマン帝国などのイスラム世界で暮らすようになりました。アシュケナジーム（「ドイツの」という意味）はドイツから追い出され、ポーランドに定住しました。ユダヤ人共同体は、中国、インド、エチオピアなどでも発展しました。

上：ユダヤ人男性を描いたオスマン帝国時代の水彩画（1714年）。オスマン帝国のユダヤ人は、医療に従事していた。

右：ポーランドにおけるアシュケナジームの職業。13世紀の資料に基づいたもの。ユダヤ人は、自分たちの宗教的伝統、教育の方法、ポーランド社会の仕組みを守って暮らしていた。

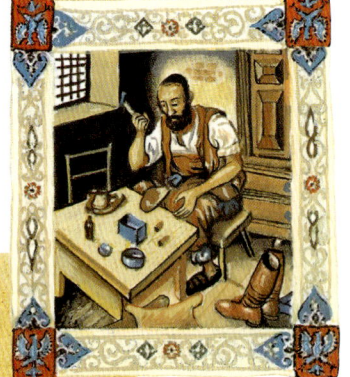

上：アシュケナジーム文化の広がりを示す地図。ポーランドでは、ドイツ人による定住が始まった時期と同じ頃にユダヤ人も定住するようになった。

靴屋

職工

鍛冶屋

上：ユダヤ人が使っていた話し言葉の地図。多くは、地元の言葉とヘブライ語やアラム語が混ざり合ってできたものであり、筆記する場合にはヘブライ文字を使用していた。ユダヤ人が使っていた言葉のほとんどはなくなってしまったが、ラディノ語とイディッシュ語は現在でも話されている。

26

マラーノ

1497年、ポルトガルは、ユダヤ人を国外追放する代わりにキリスト教に改宗させる政策をとりました。マラーノという呼び名で知られるようになった「コンベルソ（改宗ユダヤ人）」は、人目につかないように、ユダヤ教を信仰していました。17世紀には、多くのマラーノが、自由にユダヤ教を信仰できるアムステルダムに移りました。アムステルダムはユダヤ教の主要な中心地になりました。1626年には、マラーノのマナセ・ベン・イスラエルがアムステルダム初の印刷所を設立しました。

上：マナセ・ベン・イスラエルの蔵書票（本の持ち主の名を書き入れて、本に貼り付ける紙片）

エチオピアのユダヤ人

エチオピアのユダヤ人は、自分たちをベータ・イスラエルと呼んでいますが、一般にはファラシャ（異邦人）として知られています。現代の学者の多くは、彼らの発生が、紀元前7世紀から4世紀の間にエチオピアに入ったユダヤ教文化の影響を受けていると考えています。ファラシャは何世紀も自治体を維持し、1973年になってようやく正真正銘のユダヤ人と認められました。

上：エチオピアの護符。20世紀初頭。

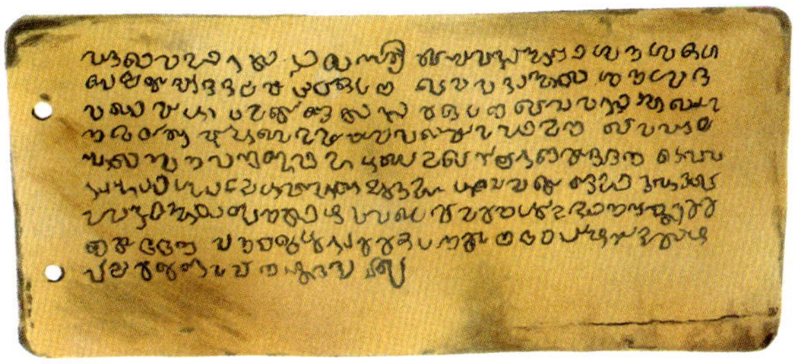

右：タミール語による10世紀の銘文。マラバルのユダヤ人について書かれている。

左：マツァ（パン粉を入れない硬いパン）を作るユダヤ人の母娘。コーチン（インド）。1983年。

インドのユダヤ人

インドにはユダヤ人の集団が2つあります。ベネ・イスラエルは、自分たちは紀元前2世紀にインドに到達したと信じていますが、これはまだ証明されていません。彼らはシャバット（安息日）と、ユダヤ教の食事規定を守っています。もう一方のケラーラに暮らすユダヤ人集団は、初期の形跡が1000年頃にあります。

中国のユダヤ人

ユダヤ人商人は、紀元前2世紀に中国に到達していたようです。ユダヤ人社会が築かれたのは、中国の東部の開封の町だけでした。11世紀に、ペルシアやインドから1000人ほどのユダヤ人がここに定住したのです。1163年には、開封にシナゴーグが建てられました。1605年にはイエズス会宣教師のマテオ・リッチが開封出身の男性に会い、ユダヤ人の話を聞いています。マテオ・リッチは、シナゴーグにはヘブライ語のトーラーがあること、ユダヤ人は豚肉を食べないこと、また息子には割礼をほどこすことを語っています。しかし、開封のユダヤ人の具体的な証拠は、19世紀に発見された祈祷書があるだけです。ユダヤ人社会は、中国人社会に同化し、19世紀にはほぼ消滅しました。

上：『エステル書』を記した巻物。開封（中国）。

左：開封にあったシナゴーグ。18世紀のようすを描いた復元。

聖典

ユダヤ教の基本は、聖典の研究です。ヘブライ語の聖書以外にも、ハラハー（宗教法）について書かれたものがあり、ミシュナと呼ばれています。ミシュナは200年頃にユダヤ人に法を守らせる目的で書かれました。タルムードは、ミシュナとミシュナについてのラビによる注釈によってつくられています。ミシュナはタルムードに沿ったものであり、タルムードについて詳しく解説しています。カバラは、ユダヤ教の神秘思想をまとめたものです。

バビロニア・タルムードの表紙。

彩色されたペサハ・ハガダーの1ページ（バルセロナ、1350年）。

タルムード

タルムードはミシュナ（6部に分かれたユダヤの宗教法）と、ミシュナについてのラビの注釈によって構成されています。ラビによる注釈は、ゲマラと呼ばれています。タルムードには2つの版があります。1つはエルサレム・タルムードで、400年頃に編集されました。もう1つのバビロニア・タルムードは、550年頃に編集されました。バビロニア・タルムードが重要になり、現在ではたんにタルムードといえば、バビロニア・タルムードのことです。

アガダー

「語るもの」という意味のアガダーとは、使われている言葉を明らかにしたりその言葉の意味を解釈したりしながら、聖書のなかの物語を理解していく方法です。1世紀以後、アガダーを書きとめる作業が始まり、やがてこの作業はミドラシュとして知られるようになりました。

ミシュネ・トーラー

ミシュネ・トーラーはマイモニデスによって書かれました。ミシュネ・トーラーは、律法とラビによる律法解釈をわかりやすく、論理的にまとめたものです。ここには、神の本質やその属性、宗教用語、倫理の基礎などをめぐる議論も収められています。マイモニデスは、学者だけでなく一般人にとっても律法が身近なものになることを願っていました。

左：モーセス・ベン・マイモン（1138〜1204）は、マイモニデスという名でも知られており、中世きっての大哲学者だった。彼は、聖書のなかで神が人間として描かれていることを、文字通りに解釈するべきではないと主張した。

下：ミシュネ・トーラー中の彩色ページ。

光輝の書

カバラとは「受け取られたもの」という意味です。カバラはトーラーの秘密を研究したものです。カバラには、神はどのようにして世界を創ったか、神はどのような形で自分を顕したか、神と人間の関係はどのようなものかなどが述べられています。ラビ・モーセス・デ・レオン（1250～1305年）が大部分を書いた、『ゾハール（光輝の書）』は、もっとも影響力のあるカバラ文書です。

左：『セーフェル・ハ・ゾハール（光輝の書）』初版（13世紀末）の表紙。

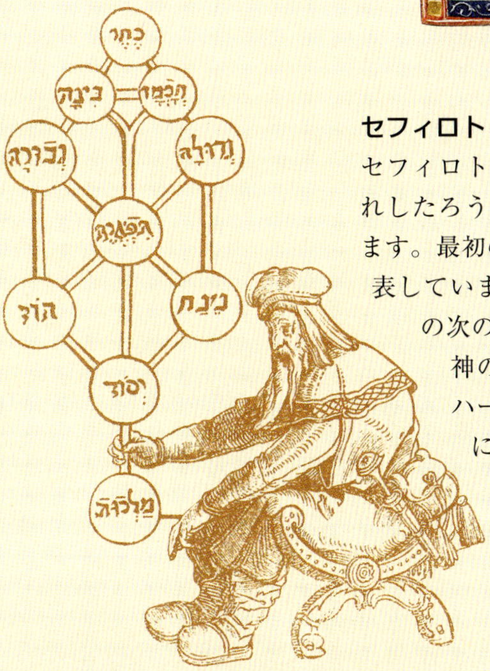

『ゾハール』は、10のセフィロトについて述べている。セフィロトとは、世界を創造した神のもつ属性のことである。右の図では、10のセフィロトが木の形で表わされている。上から下、右から左の順序で、王冠、知恵、理解、慈悲、神の力、美、勝利、栄光、基盤、王国。

セフィロト

セフィロト（神の属性）は木の枝先や枝分かれしたろうそく台によって、順序よく表されます。最初の3セフィロトは、神の知的領域を表しています。次の3つは倫理的な力を、その次の3つは自然の力を表し、10番目は、神の世界と物質世界の通路です。『ゾハール』は、人間の行動が高次の世界に影響を与えることができると強調しています。人間は、神に仕えることによって神と一体となり、世界の不調和を修復することもできるのです。

七十人訳聖書

ヘブライ語で書かれていた旧約聖書から、初めてギリシャ語に翻訳されたものが七十人訳聖書です。翻訳は、紀元前3世紀から紀元前2世紀にかけて、エジプトで行われました。

護符

護符は、邪悪を寄せつけないためのお守りです。ユダヤ教で使われる護符には、多くの場合、唱える言葉やユダヤ教の独自性を象徴するものが収められています。護符は神秘思想のごく一部、なかでも聖典の章句からできています。ただしユダヤ人は、このような物質そのものに霊的な力があるとは思っていません。護符は、神の言葉を収めたものであり、これを身につけることによって、神に対する人間の義務を忘れないようにするものなのです。

イエメン製のこの護符は、首からかけて使用するようになっている。

29

迫害の歴史

ユダヤ人は他の多くの民族とは異なった宗教や文化を持っていたために、歴史を通じて迫害を受けてきました。中世のイスラム支配下では、ユダヤ人は比較的大目に見られていましたが、それでも苛酷な扱いを受けた時期もありました。十字軍（エルサレムをキリスト教徒の手に取り戻すための軍事遠征）は、暴力的な反セミティズムを助長し、13世紀から15世紀にかけての西ヨーロッパの国々では、ユダヤ人が追放され、その多くは東ヨーロッパに逃れました。19世紀になるとほとんどのヨーロッパの国々がユダヤ人を対等に扱うようになりましたが、ロシア、ポーランド、ルーマニアでは激しい迫害がありました。

ユダヤ人虐殺を描いた15世紀の細密画。聖地をめざす十字軍は、キリスト教への改宗を拒んで火あぶりになることを選んだユダヤ人を虐殺した。

イギリス、スペイン、フランスから追放されたユダヤ人の動きを示した地図。

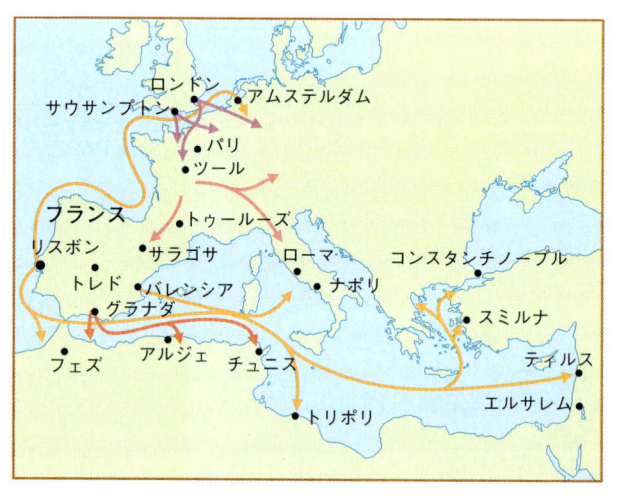

ユダヤ人の追放。
- 1290
- 1391
- 1394
- 1492-97

さまようユダヤ人の操り人形。十字架をかつぐイエスが居宅の壁にもたれることを許さなかったため、永遠にさまようことになった伝説上のユダヤ人。

スペインの異端審問

1478年、ローマ教皇シクストゥス4世は、スペインのフェルディナンドとイサベラに対し、異端審問を行うことを許しました。審問官の仕事は、コンベルソ（キリスト教に改宗したユダヤ人）が本当のキリスト教徒になったか調べることでした。中世のキリスト教徒は、ユダヤ人を共同体への脅威であり、追放、虐殺すべきと考えたのです。ユダヤ人には、改宗しか助かる方法がありませんでした。

ローマ教皇シクストゥス4世の肖像。1477年。

ムスリムによる統治

15世紀から19世紀にかけ、オスマン帝国をはじめとするイスラム世界には、多くのユダヤ人共同体がありました。ユダヤ人は寛容に扱われることが多かったのですが、規制のきびしい部分もあり、たとえば、土地所有を禁じられていました。1507〜1736年のペルシアなどシーア派の国々では、ユダヤ人に対する厳しい法律が定められていました。

ポーランドのユダヤ人

17世紀のポーランドでは、ユダヤ人の多くは商人でした。彼らはまた、アレンダ・システム（賃貸料を集める仕事）の下、ポーランド貴族の所有する土地の管理もしていたため、小作農から憎まれるようになりました。1648〜49年に起こった小作農とコサックによる大反乱では、ユダヤ人共同体の多くが破壊され、ネミロフにあった共同体だけで、6,000人のユダヤ人が虐殺されました。

上：酒用の「アレンダ・ジャグ」。ユダヤ人の宿屋の主人をかたどったもの。17世紀のポーランド製。

右：19世紀末の反セミティズムによるロシアの戯画。判事にあざ笑われるユダヤ人が描かれている。ロシアでは、ユダヤ人に伝統文化を放棄させるための法律が制定された。ユダヤ人男性は25年間の兵役をつとめなければならず、これによって共同体との関係を弱めようとしたのである。

上：ワルシャワのユダヤ人国民衛兵。下の楽譜は行進曲。

ポーランド

ポーランドのユダヤ人兵士は、ロシア支配に対する反乱（1830〜31）に参加し、ロシア皇帝ニコライ1世の圧政から逃れようとした。彼の圧政下では、ユダヤ人は一つの地域に押しこめられ、兵役が無理矢理に課されました。

下：東ヨーロッパからのユダヤ人同胞を歓迎するアメリカのユダヤ人。20世紀初期の絵画。1880年から1920年にかけて、東ヨーロッパに住むユダヤ人の3分の1以上が故郷を離れ、その90％がアメリカに移住した。

右：アメリカのユダヤ人救済団体によるポスター。1915年頃。

ユダヤ人移民

多くの場合、ユダヤ人の新移民は貧しい地域で暮らしていました。ユダヤ人はきびしい条件のもとで重労働をこなし、衣服販売、食品製造、建設業を手がけました。1890年代になると、反セミティズムが生まれました。キリスト教徒の白人社会は、生活様式の違う多くの貧しい移民に対し、怒りを抱いていたのです。1921〜24年には法律が制定され、移民を制限して「北方人種」を優先する政策がとられるようになりました。

31

冠婚葬祭

冠婚葬祭にまつわるさまざまな行事は、ユダヤ人であるということを自覚する機会でもあります。歴史を通じて、ユダヤ人共同体で生まれた人々は、そこで成長して結婚し、ユダヤ人の家庭を築き、ユダヤ教のしきたりにしたがって埋葬されます。赤ん坊への祝福から、死者の命日（ヤールツァイト）にともす火まで、決まりごとにしたがって儀礼を行い、神への義務を思い起こします。

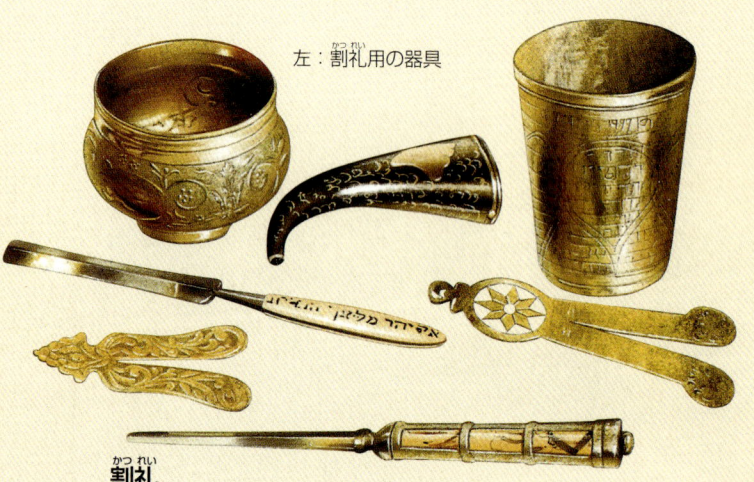

19世紀のモラビアで使われていたゆりかご。ユダヤ人の母親から生まれた子どもは、ユダヤ人であるとされる。女の赤ちゃんはシナゴーグで命名式を行い、男の赤ちゃんには割礼をほどこす。

左：割礼用の器具

割礼

割礼とは、陰茎の先にある包皮を切り取ることです。ふつう、男の子は生後8日目に割礼を受け、その後でお祝いが開かれます。割礼は、男の子が神とユダヤ人の間でかわされた誓約の中に入ったことを意味しています。

バル・ミツバ

少年が13歳になると、成人式であるバル・ミツバが行われます。少年は、シナゴーグに呼び出され、トーラーの一部を初めて読みます。式には友人や親せきも出席して少年の朗読を聞き、その後の儀式に参加します。

親族

ユダヤ教の文化では親族は重要で、若者は小さい頃から、年配者を尊敬し、年配者の知恵を重んじるようにしつけられます。ユダヤ人にとって、愛を求めている人々に愛情を与えること（ツェダカ）は大切であり、その愛情は身近な人々とのかかわりを通して育まれるからです。ユダヤ人共同体では、老齢者はいつでも特別な配慮を受けます。「あなたの父と母を敬え」（『出エジプト記』第20章12節）という教えは、すべての年配者を敬えということなのです。

左：ユダヤ人の老人と孫。

上：少女は12歳でバル・ミツバ（成人式）を迎える。

32

ケトゥバ

ケトゥバは、ユダヤ人同志の結婚の時にかわされる契約書です。ふつうは、妻を大切にするという夫の決意をしるすものです。結婚式では、ケトゥバを読み上げます。ケトゥバの内容をその国の言葉に翻訳することもあります。

右：ケトゥバ（結婚契約書）。ふつうはアラム語で書かれる。

下：埋葬のまえに遺体を清めるために使う水差し。

死

ユダヤ人の死者はさまざまな儀礼によって弔われます。葬儀後の1週間、家族はシヴァ（7という意味。喪に服する期間）を行います。会葬者はひとつの家に集まり、弔問客はともに祈るために、その家を訪れます。没後1年以内に墓標を建てます。毎年命日には、ヤールツァイトのロウソクを灯して、死者のために祈ります。

結婚

結婚式は、4本の柱で支えられたフッパと呼ばれる天蓋の下で行われます。フッパは2人の新居を象徴していますが、四方は開放されており、共同体が新郎新婦と離れていないことを示しています。フッパは屋外につくるのが理想ですが、家やシナゴーグのなかにつくることもあります。ワインの祝福に続いて、花婿が花嫁の指に指輪をはめます。ケトゥバが読み上げられ、7つの祝福の言葉が朗読されます。花婿は、神殿の破壊を忘れないために、足でワイングラスを踏みつぶします。

上：新婚カップルへの祝福

下：埋葬するために死者を運ぶ会葬者を描いた絵。

埋葬

死亡すると、すぐに（なるべく24時間以内）埋葬されます。宗教法は火葬を禁止していますが、改革派共同体では認められているところもあります。葬儀は短時間で終わり、短い祈りと追悼の言葉が述べられ、埋葬が行われます。

33

ポグロムとホロコースト

中世にユダヤ人が憎まれたのは、彼らが異なる宗教を信じていることによるものでした。19世紀中頃には、ほとんどのヨーロッパの国々がユダヤ人に市民権を与え、信教の自由を許すようになりましたが、新しい形の反セミティズムが芽生えました。この差別は、いわゆる「人種」的な違いにもとづく差別でした。勢いを増した国粋主義運動はこの偏見を利用し、ユダヤ人はよそ者であって国民ではなく、国民国家を衰えさせる人々であると見なしたのです。20世紀のドイツのナチスは、ユダヤ人を抹殺すべきであると信じていました。このような憎しみはホロコーストをうみ、ヨーロッパに暮らしていたたいへんな数のユダヤ人が殺されたのです。

上：モーリス・ミンコウスキー（1880〜1930）による絵。「ポグロムの後で」と題されている。

ポグロム

1881年以後のロシアでは、公の政策に反セミティズムが取り入れられました。ユダヤ人は決められた場所でしか暮らせなくなり、職業を選ぶこともできなくなりました。政府は、国内のさまざまな問題をユダヤ人のせいにしたのです。1881〜84年には、ポグロム（ユダヤ人虐殺）が起こりました。警察は殺人と略奪をとめようとはしませんでした。ポグロムは、1903〜06年にも、またロシア革命中の1917〜21年にも起こりました。

下：ナチス時代のドイツで発行されたユダヤ人女性のパスポート。

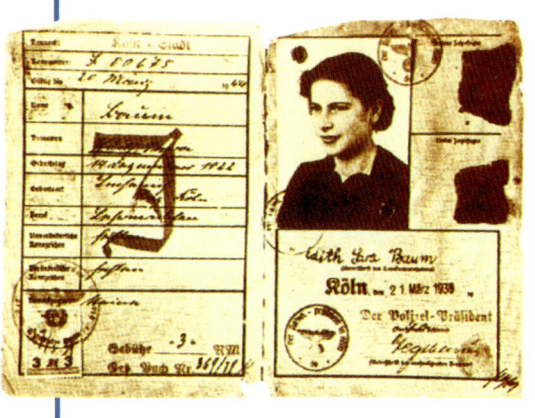

アルバート・アインシュタイン（1879〜1955）は1932年にドイツを離れた。この絵画は、ドイツ在住のユダヤ人と一緒に出国するアインシュタインを描いている。

ドイツ

1933年にヒトラーが政権を手に入れると、多くのユダヤ人はドイツを離れようとしましたが、アメリカや西ヨーロッパの国々では、受け入れ数を制限していました。必死で子どもだけを海外に送り出した家族もありましたが、ほとんどは国内にとどまるしかありませんでした。

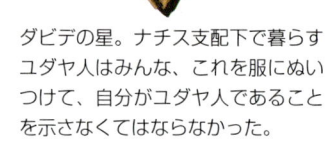

ポーランドのユダヤ人

1939年にナチスがポーランドを占領すると、ユダヤ人はゲットーに送られ、監禁されました。過密な人口と配給食糧の不足に苦しみながらも、ゲットーの人々は力を合わせて生き抜こうとしました。

上：ポーランドのテレジエンシュタット・ゲットーで発行された紙幣。

ダビデの星。ナチス支配下で暮らすユダヤ人はみんな、これを服にぬいつけて、自分がユダヤ人であることを示さなくてはならなかった。

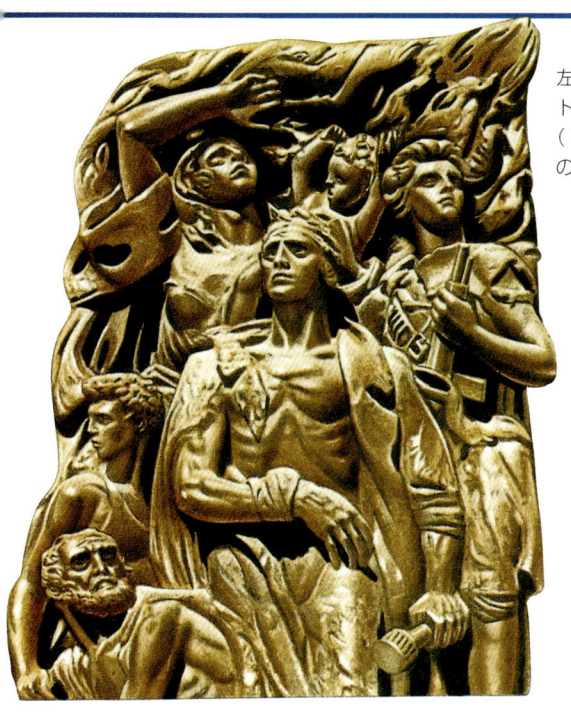

左：ワルシャワのゲットーで起こった蜂起（1943年4月〜7月）の記念碑。

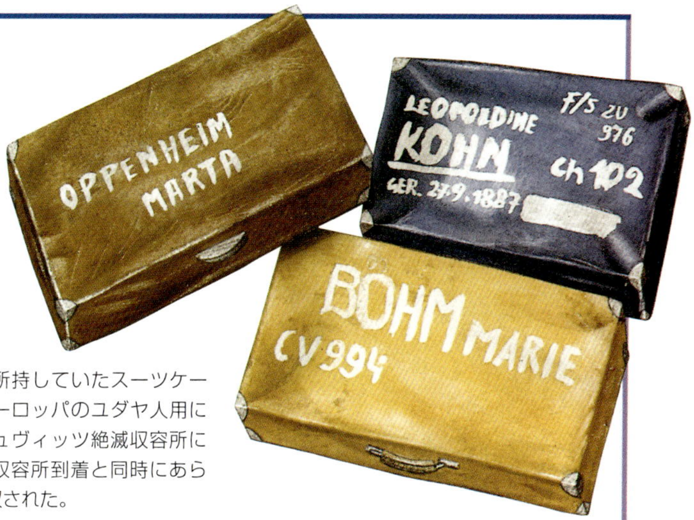

右：ユダヤ人が所持していたスーツケース。彼らは西ヨーロッパのユダヤ人用に作られたアウシュヴィッツ絶滅収容所に強制送還され、収容所到着と同時にあらゆる所持品を没収された。

ワルシャワ・ゲットー蜂起

ナチスに対しては、勇気ある抵抗運動が何度もおこりました。ワルシャワのゲットーにいたユダヤ人による蜂起もその一つです。彼らは、ほとんど最後の1人になるまで戦い抜きました。さまざまな強制収用所で蜂起がありましたが、どれも、成功の望みのない絶望的な戦いでした。

絶滅収容所の生存者たち

連合軍はナチスに勝利しましたが、ユダヤ人にとっては遅すぎました。ナチスは最後の瞬間まで虐殺を続けたからです。連合軍が絶滅収容所に入った時、生存者はわずかに数千人でした。彼らは骨と皮だけの姿であり、その多くは解放後に死亡しました。

強制収用所

ナチスは2つの方法でユダヤ人を抹殺しようとしました。「移動抹殺隊」と呼ばれた殺戮部隊は、ユダヤ人の居住地域周辺でユダヤ人を殺害しました。1941年、ナチスによって強制収容所がつくられ、社会的に不要だとみなされたユダヤ人がそこに送りこまれました。ユダヤ人、ジプシー、黒人、同性愛者、障害者などが集められ、家畜用の貨車で収容所に運ばれました。若くて健康な者は強制労働をさせられ、そうでない者は裸にされてガス室で虐殺されました。

左：ダッハウ強制収用所の生存者。1945年4月に連合軍によって解放された。

ソビエト連邦

ソビエト連邦では、ユダヤ人の文化は抑圧されました。ユダヤ人に対する迫害は1948〜53年にもっとも激しくなり、多数の知識人が投獄、処刑されました。

上：強制収用所の入り口。「労働を通して自由に」というスローガンが見える。

右：ヨシフ・スターリン。1927〜53年のソビエト連邦指導者。

ユダヤ教の暦

ユダヤ教には、1年を通して多くの祭礼や聖日があります。大きな祭礼の場合にはふだんの活動を中断し、家族と過ごしながら祈りをささげます。それほど重要ではない祭礼の場合には、ふだん通りの生活を続けます。祭礼には2つの類型があります。ハヌカは、神が奇跡をおこしてユダヤ人を助けた歴史的な出来事を記念する祭礼です。シャバトや「樹木の新年」をはじめとする聖日は、世界の創造者である神に感謝する祭礼です。両方にあてはまる祭礼もあります。ヨム・キップールやシムハット・トーラーは、どちらにも当てはまりません。これらは、神と人、人と人の関係にかかわる祭礼です。

ロシュ・ハシャナ（新年祭）／ヨム・キップール（贖罪の日）

ロシュ・ハシャナにはシナゴーグでショファル（雄羊の角でつくられた笛）が吹かれます。それに続く10日間、ユダヤ人は過去1年間に犯した罪について考えます。最終日が、ヨム・キップール（贖罪の日）で、25時間の断食し、シナゴーグに行って罪のゆるしを祈ります。ショファルを吹くのは、人々を神の前へといざなうためです。

この図はユダヤ教の暦を表している。この暦は天体の動きにもとづいており、1カ月は29日ないし30日である。各月は新月の日から始まる。日数を調整するために、「うるう月」をおく年もある。祭礼が本来の季節に行われるようにするためである。祭礼は、1日の始まりである日没とともに開始する。それぞれの祭礼には特別の決まりごと、禁止事項、特別な食事が定められている。

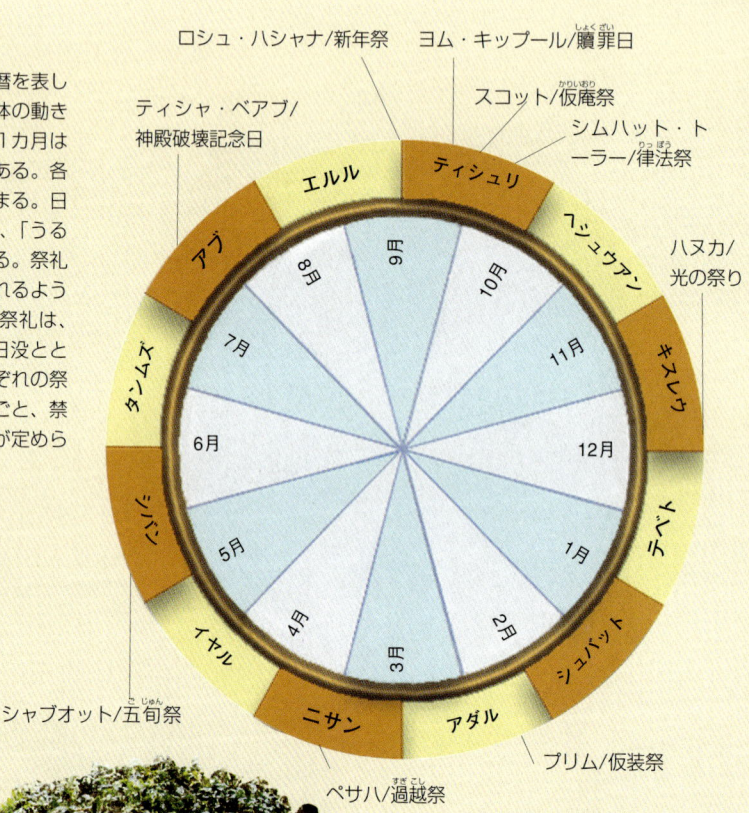

- ロシュ・ハシャナ／新年祭
- ヨム・キップール／贖罪日
- ティシャ・ベアブ／神殿破壊記念日
- スコット／仮庵祭
- シムハット・トーラー／律法祭
- エルル
- ティシュリ
- ヘシュヴァン
- ハヌカ／光の祭り
- アブ
- キスレヴ
- 8月／9月／10月／11月／12月／1月／2月
- タンムズ
- テベト
- 7月／6月／5月／4月／3月
- シバット
- シュバット
- シバン
- アダル
- イヤル
- ニサン
- プリム／仮装祭
- シャブオット／五旬祭
- ペサハ／過越祭

ベニスのゴンドラにしつらえられたスカー（仮の庵）。スコットは、約束の地をめざすイスラエル人が、砂漠で暮らしていた時代を記念する祭礼です。屋外にスカーを作り、その中で7日間食事をする。

シムハット・トーラー

スコット（仮庵祭）が終わるとシムハット・トーラー（律法祭）が始まります。トーラーを読み終えたことを祝うとともに、あらためてトーラーを読み始めます。人々はトーラーを掲げてシナゴーグの周囲を回り、町へくり出し、歌ったり踊ったりして、聖典を抱く喜びを表現します。

ハヌカ（宮潔の祭）

ハヌカは、164年に起こったマカベア戦争を記念する祭礼です。マカベア家の人々が神殿のろうそく台に火を灯そうとした時、1日分の油しかありませんでしたが、奇跡が起きて、灯りは8日の間燃え続けました。ハヌカでは最初の日に1本目、2日目には2本目のろうそく、全部で8本のろうそくに火を灯します。

右：エステル書が書かれたプリム用の巻物。

プリム（仮装祭）

プリムは、紀元前5世紀のペルシア王妃であったユダヤ人女性エステルが、ユダヤ人の皆殺しをはかった大臣ハマンの手から同朋を守ったことを記念する祭礼です。エステル書が読み上げられ、ハマンの名が出ると子どもたちは音をたてて騒ぎます。プリムには仮装パーティーがつきものです。

ペサハを祝う家族の食事。

左：ペサハの祭礼に特別な食事を入れるためのセデルの皿。

ペサハ（過越祭）

ペサハ（過越祭）では、奴隷生活をしていたエジプトからの脱出を祝います。家庭では、ハガダー（エジプト脱出の物語）が書かれたセデルの皿を用意します。皿には、象徴的な意味を持つ食べ物を入れるための区切りがあります。苦菜は奴隷生活、タマゴと子ヒツジのすねの骨を焼いたものは儀式での生けにえ、塩水はイスラエル人の涙、ハロセット（甘い木の実とフルーツのペースト）はユダヤ人が使っていた建築用のしっくいを表します。マツァと呼ばれる硬いパンは、謙虚さとともに、エジプトからの脱走を思い出すために食べます。

シャブオット（五旬祭）

シャブオットでは、モーセが神からトーラーを授かったことを祝います。シャブオットは収穫祭でもあります。人々はトーラーを読み、シナゴーグを花で飾ります。

トーラーを読む少年。

イタリアのカルピにある記念碑。ホロコーストで亡くなったイタリアのユダヤ人の名まえが一面に刻まれている。第一神殿が破壊された記念日であるティシャ・ベアブには、ユダヤ人が経験したあらゆる悲劇を悼んで断食が行われる。

37

イスラエル建国

19世紀の東ヨーロッパでは迫害が続いたため、シオニスト運動を進める人々が生まれました。パレスチナの地にユダヤ人の国家を建設しようとする運動です。この運動により、多くのユダヤ人がパレスチナに移住しました。1947年、国際連合は、この地域をパレスチナ人地区とユダヤ人地区に分割しようと計画しました。パレスチナ人はこの提案にたいへん怒り、戦争が起こりました。1948年5月14日にイスラエル国家の成立が宣言され、イスラエルは勝利をおさめました。それ以後、イスラエルはまわりのアラブの国々と何度も戦争をし、パレスチナ人との紛争は未解決のままです。

テオドール・ヘルツェル（1860〜1904年）の肖像画。

テオドール・ヘルツェル

デオドール・ヘルツェルはハンガリー生まれですが、離散したユダヤ人に対する反セミティズムをとめることはできないと考えました。彼は1897年にシオニスト運動の基礎を築き、パレスチナにユダヤ人の故国を建設しようとし、シオニズムに対する国際協力を得るために力をつくしました。

このポスターにはシオニストの指導者3人が描かれている。左からマックス・ノルダウ、テオドール・ヘルツェル、マンデルスタム教授。下方の絵は、イスラエルに定住して農園を持ち、嘆きの壁（エルサレムにある第二神殿の残っている部分）の近くにいたいというシオニストの理想を描いている。

シオニズム

シオニズムは国際的な広がりを見せ、各国政府や世界中のユダヤ人共同体の支援を受けました。

左：ダビデの星が描かれたシオニストの旗を持つ若い女性。シオニストは、祖先が暮らしていた土地をエレツ・イスラエル（イスラエルの地）と呼んだ。

ダビデ・ベン・グリオン（左）（1886〜1973）はポーランドで生まれ、1906年にパレスチナに移住した。活動的なシオニストとして、1940年代にはイスラエル国家建設に向けて力をつくし、1948年にはイスラエルの初代首相となった。

下：アメリカで作られたシオニストのポスター。

左：1930年代に描かれたユダヤ国民基金のポスター。ヘブライ語、イディッシュ語、ポーランド語で、「ジェズリールの谷を取り戻そう」と書かれている。

38

イスラエルの建国が宣言された翌日の1948年5月15日、近隣のアラブ諸国が宣戦を布告した。1949年1月までに、イスラエルは開戦前を上回る土地を獲得した。

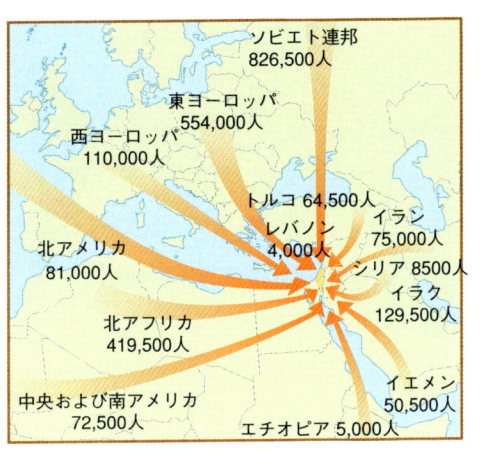

1948～1996年の間に世界中からイスラエルに渡った膨大なユダヤ人移民の数を示した地図。一方で、1948年には750,000人のパレスチナ人が故郷を追われた。

ソビエト連邦 826,500人
東ヨーロッパ 554,000人
西ヨーロッパ 110,000人
トルコ 64,500人
レバノン 4,000人
イラン 75,000人
北アメリカ 81,000人
シリア 8500人
イラク 129,500人
北アフリカ 419,500人
中央および南アメリカ 72,500人
イエメン 50,500人
エチオピア 5,000人

下：六日戦争の後、シオン山でショファルを吹くラビ・シュロモ・ゴレン（イスラエル軍の首席ラビ）

下：イスラエルの新年カード。六日戦争でイスラエルがアラブ諸国に勝利したことを祝っている。カードには、軍事指導者であるモシェ・ダヤン（左）とイツァーク・ラビンの2名が描かれている。

六日戦争

1967年の六日戦争の間、イスラエルはエジプト領のシナイ半島とガザ地区、シリア領のゴラン高原、ヨルダン領のエルサレムとヨルダン川西岸地区を占領しました。ここには、イスラエルの支配を望まないアラブ系住民が多数暮らしており、新たな紛争をうみました。

下：1949、1967、1973年に起こったアラブ・イスラエル紛争後の領土の変化を示した地図。

ゴルダ・メイア

ゴルダ・メイア（1898～1978）は1921年にパレスチナに移住し、シオニスト運動を指導しました。1949年にクネセト（イスラエル国会）議員に選ばれ、1969年に首相になりました。メイア首相が進めていた和平合意締結への動きは、1973年のヨム・キップール戦争で中断しました。メイア首相は、イスラエル国民が戦争準備を怠っていたことに衝撃を受け、1974年に辞任しました。

- 1949年のイスラエル
- 1967年の戦争でイスラエルが占領した土地
- 1973年の戦争でイスラエルが占領した土地
- 1967年の戦争でイスラエルが占領し、1973年の戦争でエジプトが再び占領した土地

シリア
ゴラン高原
ヨルダン川西岸地区
エルサレム
ポート・サイード
ガザ地区
イスラエル
ヨルダン
スエズ
シナイ半島 982年にエジプトに返還
エジプト
サウジアラビア
紅海

パレスチナ

パレスチナ側から見ると、イスラエルは彼らの国を全面占領しています。イスラエル人には、占領地区全土の掌握が必要だと考える人も平和のためにパレスチナ人に領土を返還しようとする人もいます。

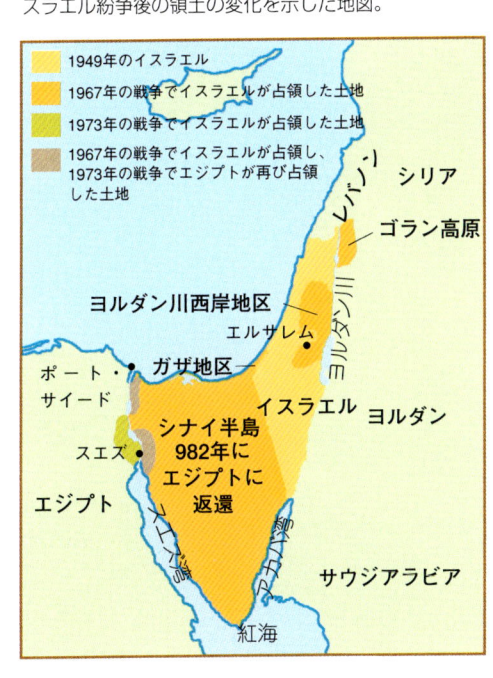

39

生活と信仰

ユダヤ教は、ユダヤ人の生活のあらゆる面に影響を与えています。朝起きてから夜寝るまで、日常生活で祈る場面がたくさんあります。ユダヤ人は、何をするにも神のことを思い出すべきだと信じています。タルムードでは、祈りをささげていない食事を食べることを、神のものを盗むことになぞらえています。ユダヤ人は生活を楽しみ、ごちそうを味わい、結婚して子どもをもつ喜びを追い求めますが、神への感謝を忘れることはありません。

ユダヤ人家庭では、戸口にメズザを取りつけている。ユダヤ人は伝統的に、家に出入りする時には、くちびるに触れた指で玄関にあるメズザに触れる。メズザは、神に仕える身であることを忘れないようにするものである。

タリットとテフィリン

タリット（大きな四角い布）をまとって、テフィリン（黒い革でできた2つの小箱）を頭と腕に巻きつけた男性。朝の祈りをする男性は、タリットとテフィリンを身につけます。テフィリンには、聖書の章句を書いた羊皮紙が入っています。2つのテフィリンのうち1つを心臓の近くに、もう1つを頭に巻きつけます。頭と心で神に仕えていることを、忘れないためです。

浄めの儀式は、清潔を保つためではなく、宗教的に清らかであることを象徴するものである。信者は、お祈りの前にはかならず手を洗う。また、食事の前にも、神の祝福を受けた食事をいただくことから、同じように手を洗う。

右：ヤルムルク

ヤルムルク

ヤルムルクは、ユダヤ人の男性が祈りの際にかぶる帽子です。1日中、ヤルムルクをかぶっている人もいます。この帽子は、世界には人間の知恵を超えた大いなる知恵があることを忘れないためのものです。正統派のユダヤ人既婚女性も頭をおおい隠しますが、これは謙遜を表しています。

コシェル

ユダヤ教の人々は、カシュルートの戒律によって食べることが許されているコシェルの食品以外は口にしません。肉は特別な方法で用意しなくてはなりませんが、それ以外のほとんどの生鮮食料品はどこでも買うことができます。ただし、写真にあるような出来合いの料理は、コシェル以外の材料を使っているかもしれないので、コシェル専用の店で購入します。

左：香炉。香料から立ち上る煙は、祈りを象徴する。香炉の下には、「天国で」と刻まれている。

左：コシェルの食品を売る女性。

シャバット（安息日）

シャバット（安息日）は金曜日の夜から始まり、家族が集って特別な食事をとります。日が沈むと母親が2本のロウソクに火を灯し、シャバットの訪れを祝福します。母親は食事の前に、ハッラー（安息日用のパン）に感謝の祈りをささげます。

肉

トーラーの時代、食品衛生の観点から、食べてもよい肉とそうでない肉の違いが定められたようです。現代では、食品衛生の観点から特定の肉を食べないのではなく、ある特定の動物の肉を食べるのが神聖であることから、食べてもよいとされる肉を食べているのです。

左：シャバットの日の食卓。ロウソク、ハッラー、ワインがある。

下の絵は、家禽と雄牛の儀式的な屠殺場面を描いている。15世紀イタリアで描かれたヘブライ語の法律書より。

ワイン

シャバットや祭礼でキドゥシュ（祝福の言葉）を唱えるときには、ワインの入った杯を用意します。シャバットの食事では甘口のワインで祝福し、食事の前に家族そろって飲みます。

右：銀製の杯。ここに注がれたワインで祝福する。

41

現代のユダヤ教

ユダヤ人は世界中で暮らしており、その暮らし方もさまざまです。ユダヤ教の教えを守っている人々の間でも、いろいろな違いがあります。正統派は、トーラーは神から授かったものであり、決して変えられないと教えています。正統派は、トーラーに書いてあることを忠実に守っています。改革派は、現代の生活にあわせてトーラーを解釈してもかまわないと考えます。保守派は、トーラーは神から授かったものであるが、実践の方法を変えることはできるとしています。ユダヤ人であることを誇りに思ってはいるものの、宗教には関心のない人々もいます。

イェシバと呼ばれる宗教学校でタルムードを学ぶ正統派の子どもたち。

タルムードの学習

若い男性が2名1組になって本文を読みながら、イディッシュ語で話し合います。学習を続けてラビ（導師）や教師になる者もいれば、世間一般の仕事につく者もいます。

祭礼用の衣服を着たハシディズム派のユダヤ人。エルサレムにて。

下：改革派のラビ。

ハシディズム派のユダヤ人

ハシディズム運動は、18世紀の東ヨーロッパで起こりました。ハシディズム派は正統派の考えをきびしく実践しており、独自の共同体を作って自給自足の共同生活を送りながら、自分たちのしきたりを守っています。ハシディズム派は宗教的な情熱を重んじ、神への献身に喜びを見出します。

上：ハシディズム派の少年。伝統的な黒い帽子をかぶり、巻き毛をたらしている。男性と年かさの少年は黒いスーツと白いシャツを身につける。女性は高えりでそでの長い地味な服を着る。結婚している女性は、頭をつねに布でおおっている。

肉をさばくユダヤ人の肉屋。

改革派のユダヤ人

改革派は、トーラーの内容を厳しく守らず、現代生活に適合させた形で実践しています。シナゴーグでは男女の席を分けず、女性ラビがいるシナゴーグもあります。両親のどちらかがユダヤ人でない場合でも、両者がユダヤ教を信じているならば、生まれた子どもはユダヤ人と見なされます。

ユダヤ人の食事

血をすっかり抜いてしまうまでは、肉を食べることはできません。ユダヤ教には食物についての戒律があり、カシュルートと呼ばれています。カシュルートは、食べてもよい食品と肉の調理法を定めています。反芻をし、ひづめが割れている陸上動物、ひれとうろこがある魚は食べてもよいとされています。肉と乳製品を一緒に食べてはいけません。正統派は、食についての戒律が守られているレストラン以外では外食しませんが、改革派はカシュルートをよりおだやかにしています。

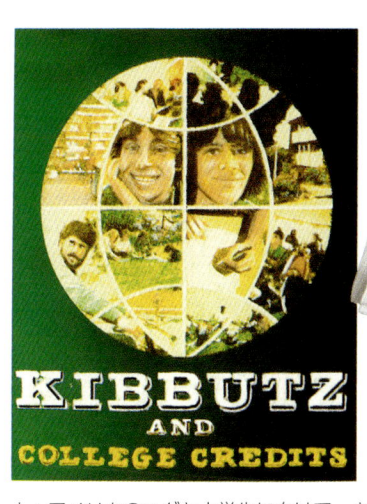

左：ローマ教皇ヨハネ・パウロ2世と、1986年以来ローマの首席ラビをつとめるエリオ・トアフ。ローマ教皇による最初のシナゴーグ訪問。

ユダヤ教とカトリック

ユダヤ教とカトリックの間には、緊張関係が続いていました。カトリック教会が、ユダヤ人をキリストの殺害者であると見なしてきたからです。第二次世界大戦中、ホロコーストに反対したカトリック関係者はほとんどいませんでした。以降両者の関係は改善され、友好的な雰囲気が生まれています。

上：アメリカのユダヤ人学生に向けて、キブツへの参加を呼びかけるポスター。イスラエルにはキブツと呼ばれる共同体があり、自発的に参加した人々がしばらくの間、共同生活を送りながら作業を行っている。ユダヤ人参加者が、ここでヘブライ語を学ぶことも多い。

イスラエル軍

イスラエルは建国以来、軍備面に力を入れてきました。イスラエル軍は自国内と占領下の地域で軍事行動を展開しており、警戒態勢をしいて国境の防衛にあたっています。わずかな例外はありますが、男女ともに兵役の義務があります。

右：シオニストによる人権侵害を非難した国連決議に抗議して、ニューヨークにある国連本部の前でデモをする人々（1979年）。離散ユダヤ人の多くはイスラエルの立場を擁護し、経済的な援助をしているが、パレスチナ人に対する処遇などいくつかの問題に対しては非難の声を上げている。

イスラエル軍兵士。

下：1993年、アメリカ大統領ビル・クリントン、イスラエルのイツァーク・ラビン首相（1922〜1995）、パレスチナのアラファト議長（1929〜）は、パレスチナ自治区の成立を条件とする和平協定に合意した。和平プロセスは難航し、2000年にはイスラエルの支配に抗してパレスチナ人の新たな蜂起が起こった。

下：アメリカの映画監督スティーブン・スピルバーグは、ホロコーストを描いた大作『シンドラーのリスト』（1993）を製作した。ユダヤ人の中には、著名な音楽家、作家、俳優が多く、在住国の文化に大きな貢献をしている。

43

用語解説

イスラエル ユダヤ人の祖国建設を目的として、1948年にパレスチナに建国された国家。イスラエルという言葉は「神とたたかう者」という意味。

エルサレム神殿 イスラエル帝国時代にソロモン（紀元前970～928）がエルサレムに建てた神の宮殿。第一神殿に続いて、第二神殿、第三神殿が建てられた。現在では嘆きの壁だけが残っている。

割礼 陰茎の先にある包皮を切り取ること。ふつう、男の子は生後8日目に宗教儀礼としての割礼を受ける。割礼は、男の子が神とユダヤ人の間でかわされた契約に入ったことを意味する。

カナーン 古代のカナーンには、現在のイスラエル、ヨルダン、シリアの大部分が含まれていた。古代イスラエル人は、カナーンは神が自分たちに与えた土地であると考えていた。「約束の地」とも呼ばれる。

カバラ ユダヤ教の神秘思想を集めたもの。神による世界創造、神の顕現、人間との関係について述べている。カバラ諸書の中では、『ゾハール（光輝の書）』がもっとも影響を与えた。

キブツ イスラエルにある共同体。ボランティアが共同生活を送りながら労働に従事する。

契約の箱 モーセがシナイ山から持ち帰った箱。神から授かった十戒を刻んだ石版が収められていたが、現存しない。

コシェル ユダヤ教の宗教的規則にしたがって整えられた、清浄なものにつける言葉。通常は食品に対して使う。

シオニスト シオニズムの目標を実現しようとする人。パレスチナにユダヤ人の国家を建設して、これを維持していこうとする。

ジグラート 古代バビロニアのピラミッド型の神殿建築物。周囲は階段になっており、最上部には神殿があった。

シナゴーグ 礼拝のためにユダヤ人が使う建物もしくは場所。礼拝をするための集まりもシナゴーグとよばれる。

詩篇 神への讃歌を集めたもの。

シャバット ユダヤ人にとっての1週間に1度の聖なる安息日で、宗教的な集まりがある。金曜日の日没から土曜日の日没まで。

出エジプト 古代エジプトで奴隷生活を送っていたイスラエル人が、エジプトから出国したこと。聖書にこのいきさつを述べた『出エジプト記』がある。

ショファル 雄ヒツジの角で作った笛。ロシュ・ハシャナとヨム・キップールにシナゴーグで吹き鳴らされる。

正統派 ユダヤ教の一派。伝統的な実践を堅持する。

聖櫃 トーラーを収める装飾がほどこされた小戸棚。シナゴーグ内部に設置されている。

石碑 記念する文章が刻まれた石の柱。

セム 古代のカナーンに住んでいた人々を表すときに用いられる。現代のユダヤ人は彼らの子孫である。

ダビデの星 ユダヤ教のシンボル。ダビデ（紀元前970年頃）に対する神の加護を表している。

タルムード 聖書を解釈するとともに、生活の指針ともなるユダヤ教の教えをまとめてタルムードとよぶ。口伝トーラーともよばれる。

ディアスポラ バビロン捕囚の後、ユダヤ人がパレスチナ以外の各地に散らばって集団生活をするようになったこと。

トーラー ヘブライ語で書かれた聖書。キリスト教の聖書の最初の五書、ネビイム（預言書）、ケトビム（諸書）から構成される。ユダヤ人の歴史、倫理、法律がしるされている。トーラーには、聖書の注釈と生活の指針について書かれた文書すべてが含まれる場合もある。

嘆きの壁 ユダヤ教でもっとも神聖な場所。紀元前70年に破壊されたエルサレム第二神殿のなかで、ひとつだけ残った場所。

パレスチナ 古代にユダヤ人が暮らしていた地域。

ヘブライ語 古代パレスチナで、1000年以上にわたって、文語および口語として用いられていた言語。現

在ではイスラエル国の公用語となっている。

ポグロム 無実の人々を組織的に殺害すること。公的な許可による場合も多かった。

ミシュナ ハラハー（宗教法）について書かれたユダヤ教の文書。タルムードは、ミシュナとミシュナに関するラビの注釈から構成されている。

ミドラシュ タルムードを詳しく解説したユダヤ教の文書を集めたもの。

メズザ シェマ（聖句）の最初の2節を手書きで羊皮紙に書きつけたもの。神はただ1つであること、神とユダヤ人の間には特別な関係があることが記されている。

メノラ 7本に枝分かれした燭台。古くからのユダヤ教のシンボルであり、エルサレムの神殿に立てられていた。

ユダ 紀元前928年、ソロモンの死後、イスラエル王国が2つに分割した時に、イスラエルの南に建てられた国。

ユダヤ教 ユダヤ人の宗教。ただ1つの神を信仰し、ヘブライ語聖書をよりどころとする。

ユダヤ人 ユダヤ教を信仰しており、古代ユダヤ人の子孫である人。

預言者 特別な方法で神と意思を通じあい、神のために述べ伝えることができる人。

ラビ トーラーを学んでこれを教え、日常生活への適用を指導する人。シナゴーグでの祭礼をつかさどり、結婚式や葬儀をとり行うこともある。

さくいん

あ行
アガダー …………………………28
アシュケナジーム ……………15, 26
アッシリア人 ……………………18
アブラハム ………………………12
アフリカ …………………………23
アムステルダム …………………27
アモス ……………………………20
アラム語 ……………………9, 16, 26
アレキサンダー大王 ……………22
アンティオコス（ギリシャとシリアの王）…23
アンモン人 ………………………17
イエメン …………………………29
イサク ……………………………12
イザヤ ……………………………20
イスラエル ……8, 9, 12, 16, 17, 18, 20, 38, 39, 44
イスラエル人 ………………13, 16
一神教 ……………………………8
インド ………………………26, 27
ウル ………………………………12
エジプト（古代）………10, 12, 13, 23
エズラ ……………………………22
エチオピア …………………26, 27
エドム人 …………………………17
エリコ ……………………………13
エルサレム …16, 17, 18, 19, 20, 22, 23, 25
エルサレム神殿 ………8, 16, 24, 44
エレミヤ …………………………19

オスマン帝国 ………………26, 30

か行
改革派 ……………………………42
外典 ………………………………19
カシュルート …………………41, 42
割礼 …………………………32, 44
カナーン ………10, 11, 12, 13, 14, 44
カバラ …………………………28, 29, 44
仮庵祭 ……………………………36
キブツ ………………………43, 44
救世主 ……………………………20
キュロス（ペルシア王）………22
強制収用所 ………………………35
ギリシャ ………………10, 11, 22, 23
クムラン …………………………14
クレタ島 …………………………10
契約の箱 ……………………17, 44
結婚 ………………………………33
ケトゥバ …………………………33
ケトゥビーム …………………14, 15
『光輝の書』………………………29
コシェル ……………………41, 44
言葉 ………………………………26
護符 ………………………………29

さ行
祭司 …………………………20, 21
祭司階級 …………………………21
祭礼 …………………………36, 37

サウル（王）……………………16
サマリア …………………………20
サムエル …………………………16
シオニスト運動 ……………38, 39
シオニズム ………………………38
死海 ………………………………14
ジグラート ……………11, 19, 44
シナイ山 ……………………13, 14
シナゴーグ ……………9, 24, 25, 44
詩篇 …………………………15, 44
シャバット …………………41, 44
シャブオット ……………………37
十字軍 ……………………………30
出エジプト …………………13, 44
十戒 ……………………8, 17, 25
小預言者 …………………………21
ショファル ……………36, 39, 44
シリア人 …………………………17
過越祭 ……………………………37
スコット …………………………36
スペイン ………………23, 24, 26
スペインの異端審問 ……………30
正統派 ……………………8, 42, 44
聖櫃 …………………………24, 25, 44
ゼデキア（ユダの王）…………18
セファルディム ……………15, 26
セフィロト ………………………29
セム …………………………10, 44
ゼルバベル ………………………22
ソビエト連邦 ……………………35

ゾロアスター教 …………………11	ハヌカ …………………………36, 37	ミシュネ・トーラー ……………28
ソロモン（王）…………16, 17, 18	バビロン（バビロニア帝国）………	ミドラシュ …………………28, 45
	11, 14, 18, 19, 22	ミノア文明 ………………………10
た行	バベルの塔 ………………………19	六日戦争 …………………………39
タナーク …………………………14	ハムラビ（バビロンの王）………11	ムスリム …………………………30
ダニエル …………………………21	バル・ミツバ ……………………32	メイア、ゴルダ …………………39
ダビデ（イスラエル王）…15, 16, 17	パレスチナ ………9, 23, 38, 39, 44	メズザ ………………………9, 40, 45
ダビデとゴリアテ ………………16	ビーマー …………………………24	メソポタミア ……………………11
ダビデの星 …………………8, 38, 44	フェニキア人 ……………………17	メノラ ……………………………8, 45
タルムード ……14, 15, 28, 42, 44	フランス …………………………15	モアブ人 …………………………17
中国 …………………………26, 27	プリム ……………………………37	モーセ ………………10, 11, 12, 13, 14
ツェダカ …………………………32	ペサハ ……………………………37	
デ・レオン、ラビ・モーセス …29	ベツリア …………………………19	**や行**
ディアスポラ（民族離散）…22, 23, 44	ヘブライ語 …………………9, 26, 44	約束の地 …………………………13
ドイツ ………………………25, 26	ペリシテ人 ………………………16	ヤコブ ……………………………12
トーラー ……8, 14, 15, 28, 29, 42, 44	ペルシア ………………………22, 23	ヤッド ……………………………15
	ヘルツェル、テオドール ………38	ヤラベアム（王）…………………18
な行	ベン・イスラエル、マナセ ……27	ユダ ………………17, 18, 19, 20, 22, 45
嘆きの壁 …………………………8, 44	ベン・エフーダ、エリゼエル ……9	ユダヤ人 ………8, 12, 26, 27, 42, 45
ナタン ……………………………16	ポーランド ……………26, 31, 34	ユディット ………………………19
ナチス ………………………34, 35	ポグロム ………………………34, 45	預言者 ……………………………20, 45
ニネベ ……………………………21	ポルトガル ………………………27	ヨナ ………………………………21
ネール・タミード ………………24	ホロコースト ……………………34	ヨム・キップール ………………36
ネビイム ………………………14, 21	ホロフェルネス …………………19	
ネブガドネザル（王）…………18, 19	ポンペイウス ……………………23	**ら行**
ネヘミヤ …………………………22, 23		ラディノ語 ………………………26
ノア ………………………………12	**ま行**	ラビ ……………………………20, 21, 45
	埋葬 ………………………………33	ローマ ……………………8, 10, 22, 23
は行	マイモニデス ……………………28	ロシュ・ハシャナ ………………36
迫害 ………………………………26, 30	マカベウス、ユダス ……………23	
ハシディズム ……………………42	ミカ ………………………………20	**わ行**
バテシバ …………………………16	ミシュナ ………………………28, 45	ワルシャワ・ゲットー蜂起 ……35

日本語版監訳者紹介

佐藤 正英（さとう まさひで）

1936年生まれ。58年に東京大学文学部倫理学科を卒業後、同大学院人文科学研究科倫理学専攻博士課程修了。東京大学名誉教授を経て、現在、共立女子大学文芸学部教授を務める。主な著書に『日本倫理思想史』（東京大学出版会）、『親鸞入門』（筑摩書房）。監訳書に『一神教の誕生―ユダヤ教、キリスト教、イスラム教』『神はなぜ生まれたか』『世界宗教事典』などがある。

	世界宗教の謎　ユダヤ教
	2004年3月25日初版第1刷発行
著 者	カス・センカー　　監 訳　佐藤正英
発行者	荒井秀夫　　　　　翻訳協力　西尾ゆう子
	DTP制作　リリーフ・システムズ
発行所	株式会社　ゆまに書房
	東京都千代田区内神田2-7-6　〒101-0047
	Tel. 03(5296)0491／Fax. 03(5296)0493
	日本語版版権©2003　株式会社ゆまに書房

ISBN4-8433-1066-2 ©0314

Acknowledgements

The Publishers would like to thank the following photographers and picture libraries for the photos used in this book.

t=top; tl=top left; tc=top center; tr=top right; c=center;

Cover Corbis/Grazia Neri; **8bc** Corbis/Grazia Neri; **9t** Press Photo, Florence; **33cr** Corbis/Grazia Neri; **34c** Jersey Homesteads, Roosevelt New Jersey/Scala Group; **37c** Roger Ressmeyer/Starlight/Grazia Neri; **37br** Marco Ravenna/Fototeca Musei di Palazzo Pio; **41tl** Press Photo, Firenze